O CRISTIANISMO PRIMITIVO

ISMAEL ARMOND

O CRISTIANISMO PRIMITIVO

Aliança

2ª edição, Dezembro / 2021, de 5.000 a 5.500 exemplares

TÍTULO
O CRITIANISMO PRIMITIVO

AUTOR
Ismael Arnond

DIAGRAMAÇÃO
Sônia Silva

CAPA
Sônia Silva

IMPRESSÃO
Graphium Gráfica e Editora

FICHA CATALOGRÁFICA

Dados Internacionais de Catalogação na Publicação (CIP)
— Câmara Brasileira do Livro | SP | Brasil —

Armond, Ismael, 1934 - 2017
O Cristianismo Primitivo / Ismael Armond

São Paulo : Editora Aliança, 2021.
ISBN: 978-65-990196-4-7 / 128 páginas
1. Cristianismo e Espiritismo 2. História I. Título

A763e CDD-133.9

ÍNDICE PARA CATÁLOGO SISTEMÁTICO:

1. Espiritismo 2. Religião 133.9

EDITORA ALIANÇA
Rua Major Diogo, 511 - Bela Vista - São Paulo - SP
CEP 01324-001 | Tel.:(11) 2105-2600
www.editoraalianca.com.br | editora@editoraalianca.com.br

AGRADECIMENTOS

Meus agradecimentos aos amigos e confrades:

— Eduardo Miyashiro e Azamar Bragança Trindade, pelo estímulo que me proporcionaram ao indicarem e oferecerem as obras que serviram para o meu conhecimento sobre este tema apaixonante. Foram certamente eles, com seu gesto de paciência e simpatia para comigo, que me propiciaram a abertura do horizonte histórico do Cristianismo que, agora, consigo melhor descortinar.

— Agradeço aos ilustres confrades, Antônio Zago, Henrique Neyde Gimenez, José de Souza e Almeida e Manoel de Oliveira Portasio Filho, pela gentileza de suas colaborações na análise, crítica e aconselhamento em relação ao texto original deste livro. O grande conhecimento que dispõem nessa matéria, contribuiu em muito para o enriquecimento deste trabalho.

— Não poderia também deixar de agradecer aos meus queridos irmãos em Cristo e companheiros de trabalho, do Grupo Espírita Missionários da Luz, de Lorena – SP, pelo apoio na obtenção de fontes de consulta e pelo incentivo fraterno que sempre demonstraram em relação à minha intenção de aprofundar o estudo sobre o tema e na redação desta obra.

— Agradeço ainda, como fiz em outras oportunidades, ao apoio, paciência, incentivo e crítica construtiva, de minha esposa e companheira, Maria Luiza, Maluh, com quem sempre pude contar.

O Autor

SUMÁRIO

PREFÁCIO

De há muito a bibliografia Espírita vem se ressentindo da falta de uma obra esclarecedora acerca de cerimoniais, atitudes e procedimentos praticados pelas doutrinas espalhadas pelo mundo afora, sob a égide do cristianismo.

Allan Kardec

Habituados à fé raciocinada, pedra angular do Espiritismo e influenciados pela citação da página de rosto de *O Evangelho segundo o Espiritismo* compilado por Allan Kardec, segundo a qual "Fé inabalável é somente aquela que pode encarar a razão face a face, em todas as épocas da humanidade", os espíritas e seus aficionados se perguntam se Jesus não praticava nenhum desses procedimentos inusitados sob a forma de curiosas extravagâncias, porque hoje são elas a ele atribuídas?

Por quais mecanismos foram admitidas, sob o pálio do cristianismo, essas convenções e ideias religiosas típicas do paganismo e tão conflitantes com a simplicidade dos ensinos de Jesus?

Eis, senão quando oportunamente surge "O Cristianismo Primitivo".

Bem diz o refrão popular que "a folha não cai longe da árvore" e Ismael Armond, herdeiro das reservas morais e intelectuais daquele a quem o Espiritismo Paulista tanto deve, soube preencher esse vazio estrategicamente ocultado ao longo dos tempos pelos que, ou não sabiam como, ou não se interessavam por este esclarecimento.

E Ismael não se restringe a comentar corriqueiros erros de tradução, nomes e lugares fáceis de serem identificados e que afinal em nada afetam os ensinos morais, mas também e principalmente com maior profundidade e perspicácia desvenda, à luz do raciocínio, as incoerências contidas nos próprios textos entre si, quando não, dentro de um mesmo capítulo e até o mesmo versículo.

O seu raciocínio, para sua maior consistência e segurança e para que não se alegue desconhecimento, inicia-se em bases sólidas, desde o começo: a origem das escrituras e suas primeiras bem intencionadas redações e tentativas para que no decorrer dos séculos, se escoimasse delas, o exagero das lendas em busca de um texto consolidado mais confiável.

Desponta então de suas páginas a demonstração de como a ideia saudável de saneá-las, evoluiu para a concepção de, por um lado, só se eliminar o que não convinha às religiões contemporâneas então em plena fase sectarista de organização e por outro lado, introduzir interpolações sutis na consolidação, de modo a atingir ambições de ordem material.

Narrando apenas fatos, com o testemunho de seus protagonistas, datas e locais, alguns deles intrínsecos a cada religião, o autor caminha então para a fase seguinte da história do Cristianismo Primitivo: aquela em que conquistada essa primeira etapa de organização e encorajadas pela sua aceitação tácita por parte do povo, mais por comodismo, ignorância e interesses político-econômicos do que por devoção, escancararam-se os portões para a imposição de simples afirmações dogmáticas, afastando-se o cristianismo progressivamente da fé raciocinada, corolário dos puros ensinamentos do Cordeiro Divino.

A obra transcreve, por exemplo, o prefácio da Vulgata Latina que poucos autores conhecem, de autoria do próprio São

Jerônimo, em que ele mesmo confessa ter sido criticado como "sacrílego e falsário por ter tido a audácia de acrescentar, substituir e corrigir alguma coisa nos antigos livros".

Comenta-a com riqueza de esclarecimentos, desde a sua concepção baseada em fragmentos escritos analisados e revisados a partir do século IV, primeira impressão por Gutenberg, em 1456, antes mesmo de sua oficialização pelo Concílio de Trento, em 1546, alteração em 1590, e assim mesmo posteriormente considerada como incorreta por Clemente VIII e as revisões que vem sofrendo até hoje, culminando com a ousada afirmação do 1º Concílio do Vaticano em 1869/70 de "Ter Deus como seu Autor".

Prossegue a obra com temas de alto significado, tais como a Casa do Caminho, o trabalho dos apóstolos, a tarefa de Paulo, a influência de Alexandria e Orígenes, a intervenção de Constantino e a Cristianização do Império.

Com a reunião de todos estes temas e detalhes em um só volume, seguramente o leitor terá em suas mãos um conhecimento mais exato do problema, preciosa contribuição para colaborar com efetiva participação nos desideratos da Terceira Revelação.

São Paulo, Março de 2004

Henrique Neyde Gimenez[1]

---

[1] Palestrante, expositor da Área de Ensino da FEESP desde 1959, é profundo conhecedor da bibliografia espírita e colaborador assíduo dos jornais *O Semeador* e *Jornal Espírita*, dentre outras inúmeras atividades doutrinárias e diretivas que exerce.

INTRODUÇÃO

Inúmeras vezes, durante a leitura de livros dedicados à Doutrina Espírita, encontrei referências ao Cristianismo Primitivo. A cada vez que isso ocorria, apesar de entender o seu significado, me sentia curioso e necessitado de aprofundar os conhecimentos sobre o assunto.

Somente comecei a procurar literatura específica sobre a matéria, quando pesquisava documentos em que, através de uma questão, era colocada em dúvida a afirmação de ser o Espiritismo uma religião[2]. As afirmativas contidas na resposta, sinteticamente apresentada, conduziam o leitor a uma busca mais pesquisada. Provavelmente, a resposta sintética que encontrei, fornecendo somente as fontes de consulta, havia sido dada exatamente com o objetivo de levar o interessado ao estudo. Procurando, me deparei no texto explicativo indicado, com uma frase que atraiu minha atenção, conduzindo-me para o tema deste livro, sobre o qual, até então, jamais me havia aprofundado. A frase foi a seguinte: "O Espiritismo veio restaurar a religião do Cristo". Esta frase tirada da mensagem "Futuro do Espiritismo" encontrada no livro *Obras Póstumas* de Allan Kardec, define, quando bem analisada em seu significado, o objetivo do Espiritismo. Façamos essa análise. Restaurar significa reconstituir como era antes.

Essa mensagem quer nos dizer que o Espiritismo veio reconstituir a religião do Cristo, para o que ela era em sua origem, isto é, como era o **Cristianismo Primitivo**. A partir desse dia, comecei a pedir aos amigos e confrades, a indicação de obras onde pudesse encontrar dados sobre esse assunto. Foi possível

[2] Do livro *Edgard Armond, um trabalhador da Seara Espírita,* do mesmo autor, Editora Aliança.

então constatar que pouca coisa existia dentro da literatura espírita ou não, que cuidasse específica e isoladamente da matéria. Em várias obras seriam encontradas referências sobre o tema, mas nenhuma em que o assunto fosse o seu objeto central. É claro que, visto sobre o aspecto histórico, muitos dados existem e certamente neles devemos basear nossas informações.

Este é o objeto deste estudo. Tentar analisar o que aconteceu com a religião do Mestre Jesus, após o Seu desencarne. Que etapas passaram a ser vividas e vencidas pelos Seus apóstolos, discípulos e posteriormente por seus sucessores, que foram disseminando Sua palavra pelo mundo.

Como foram Suas palavras desvirtuadas, Seus ensinamentos deturpados, e Suas lições e testemunhos de humildade e de fraternidade transformados em ostentação, luta pelo poder e por riquezas materiais. O ensinamento do amor ao próximo e o exemplo do perdão, convertidos em perseguições, tortura, ódio, guerras e destruição, cínica e falsamente empregados em nome da defesa das mensagens do Cristo, como se possível fosse, considerar Santa a agressão à liberdade de consciência e à vida dos irmãos, então alcunhados de hereges.

Sob esse aspecto, vamos analisar como era e o que aconteceu com os ensinamentos de Jesus Cristo.

Ao rememorar esses acontecimentos que fizeram a história de nossa religião, cultura e civilização, não poderíamos deixar de rever também, por comprometer seu entendimento, os aspectos políticos, econômicos e sociais em que esses fatos se encontravam inseridos. Assim, não deixa também esta obra de conter um desenvolvimento histórico, apesar de não ser esse o seu escopo ou nosso objetivo. Apesar de não dever fugir à verdade dos fatos, não foram seguidas certamente as preocupações inerentes à mente de um historiador que, com certeza, a nós faltariam.

Nosso intuito é, com este estudo, o de colocar à disposição dos interessados os dados que conseguimos reunir sobre o tema, facilitando a consulta para sua utilização. Esses dados, aqui reunidos, não são de nossa criação e, portanto, não nos pertencem. Fazem parte da história antiga deste nosso planeta, sendo, assim, do interesse de todos no aprendizado através das vidas que foram vividas, através do produto de mentes que podemos chamar de privilegiadas e que nos deixaram temas sobre os quais, ainda hoje, devemos meditar.

Para que pudéssemos sintetizar esses fatos históricos que aqui foram reunidos, realizamos pesquisas em obras de historiadores religiosos e não religiosos, de escritores encarnados e desencarnados, que transmitiram seu conhecimento através da mediunidade. Para compor tudo isso, não pudemos deixar de fazer citações por eles utilizadas. Essas obras, que foram nossas fontes de consulta, são por nós indicadas na bibliografia, e desejamos aqui deixar um agradecimento a esses estudiosos da história de nossa humanidade. Sem eles, certamente, não poderíamos estar aqui reunindo informações, para a composição desta obra que, como disse, é a tentativa de realizar uma Coletânea desses dados maravilhosos. Da mesma maneira, não nos cabe colocar em discussão a forma e a interpretação dada por eles aos fatos narrados. Sabemos que poderão existir, por parte de outros historiadores, posições controversas sobre alguns determinados pontos. A nós, meros aprendizes e observadores da história, cabe apenas aceitar as informações apresentadas, dados sobre os quais realizamos a análise que foi aqui exposta.

A todos esses estudiosos, nosso respeito e agradecimento pelo muito que conseguiram transmitir e que nos permite hoje pesquisar a origem de nossa religião, a religião original do nosso querido Mestre Jesus.

O Autor
Março de 2004

I

A PALESTINA E O POVO JUDEU

Para que possamos avaliar a disseminação do Cristianismo após o desencarne de Jesus, é preciso conhecer um pouco do ambiente em que inicialmente se desenvolveu a religião do Cristo, tendo uma visão do que era a Palestina ao tempo de Jesus e entendendo a mentalidade do povo judeu.

Sua Organização e Estrutura Social

A Palestina, hoje Estado de Israel, era uma das regiões que haviam sido conquistadas pelo Império Romano, tendo sido a ele agregada, inicialmente como protetorado, no ano 64 a.C. Era constituída pela Galileia, Samaria, Judeia e Pereia (fig. 1). Sua capital era Jerusalém, situada na Judeia, cidade que durante um dos levantes judeus contra os romanos, foi totalmente destruída no ano 70. Após esses acontecimentos, a capital da Palestina foi transferida para a cidade litorânea e portuária de Cesareia.

O povo judeu, por sua vez, tinha e ainda tem em nossos dias, características bastante diferentes e bem definidas. Apesar de historicamente ter sido subjugado e escravizado durante séculos, na Babilônia e no Egito, apesar de ter sido expulso de seu território e ser disseminado por todo o mundo, no que se denominou de "Diáspora"; apesar de ter sido expulso de países onde vivia, como a Espanha durante a Inquisição[3], ou de ter

[3] Inquisição – Tribunal eclesiástico encarregado do julgamento dos crimes contra a religião Católica.

sido quase totalmente dizimado na Alemanha, na Polônia e em outros países da Europa, durante os impressionantes episódios do Holocausto[4], manteve ele praticamente inalterada sua religião, sua língua, o hebraico, seus costumes e tradições.

Era um povo que não apresentava vocação para as artes, a ciência ou a arquitetura. As grandes obras (como o próprio templo de Jerusalém) foram projetadas e construídas por artífices fenícios.

As bases sociais desse povo podem ser caracterizadas pela consciência de em sendo judeu, ser diferente dos outros povos e com eles não se misturar; de possuir uma organização comunitária própria se constituindo em uma sociedade gregária, auto-suficiente, eleita por Deus e transformando em seu o território em que vive, seja qual for a sua localização. Assim, sempre tendem a se agrupar e conviver, até hoje, nos guetos, nos bairros, nas ruas; em suas instituições comunitárias, como, escolas, hospitais, clubes, etc.

A religião judaica, por sua vez, base da cultura e das tradições desse povo, é ancorada na Bíblia Hebraica[5] (Antigo Testamento) composta pelos livros seguintes, divididos em três partes, a saber:

Lei (Pentateuco):

Gênesis – "No princípio";

Êxodo – "Estes são os nomes";

Levítico – "E Yahweh chamou Moisés";

Números – "No deserto";

Deuteronômio – "Estas são as palavras".

---

[4] Holocausto judeu promovido pelos nazistas alemães – Assassinato em massa de aproximadamente seis milhões de judeus, a maioria morta em câmaras de gás instaladas em diversos campos de concentração nazistas, na Europa ocupada, durante a 2ª Guerra Mundial.

[5] *Bíblia de Jerusalém*. S. Paulo (SP): Paulus, 2002.

Profetas:

"Profetas anteriores":

Josué, Juízes, Samuel I e II e Reis I e II.

"Profetas posteriores":

Isaías, Jeremias, Ezequiel, Oseias, Joel, Amós, Abdias, Jonas, Miqueias, Naum, Hababuc, Sofonias, Ageu, Zacarias, Malaquias.

Escritos ou Hagiógrafos:

Salmos, Jó, Provérbios, Rute, Cântico dos Cânticos, Eclesiastes, Lamentações, Ester, Daniel, Esdras-Neemias, Crônicas.

Complementando a Lei Mosaica, são encontradas no Talmude a doutrina e a jurisprudência exarada em seus próprios tribunais; na Michna, os comentários e as interpretações rabínicas, delineando através dos tempos o "modus vivendi" desse povo.

As escrituras judaicas estão consubstanciadas na Torá (Pentateuco escrito por Moisés, próximo ao ano 1300 a.C.), sendo:

- O primeiro livro é a ***Gênesis***, que trata da criação do mundo, do gênero humano e da iniciação histórica do povo hebreu.

- O segundo livro é o ***Êxodo***, que relata a vida do povo hebreu no cativeiro, a vida de Moisés e a fuga do Egito, incluindo o recebimento do Decálogo no Monte Sinai.

- O terceiro livro é o ***Levítico*** ou Livro da Lei dos sacerdotes.

- O quarto livro é chamado ***Números***, que em sua primeira parte contém o censo dos hebreus, relatando em seguida os acontecimentos havidos com o povo judeu nos quarenta anos que passou no deserto.

- O quinto livro é o ***Deuteronômio***, que descreve as bases da filosofia e da religião judaica.

No Pentateuco, vamos encontrar referências sobre o auxílio concedido por Deus, ao povo judeu. Como exemplo, citaremos:

Levítico 20:24 — "Mas Eu vos digo: Possuí a sua terra, a qual Eu vos darei em herança, terra onde corre o leite e o mel. Eu sou o Senhor vosso Deus, que vos separei de todos os outros povos".

Em 20:26 — "Sereis para mim santos, porque Eu, o Senhor, sou santo e vos separei de todos os outros povos para serdes meus".

Ou ainda, em Deuteronômio 7:6 — "Porque tu és um povo consagrado ao Senhor teu Deus. O Senhor teu Deus te escolheu para seres um povo particular, entre todos os povos que há na Terra".

Na época de Jesus, para os judeus os "gentios" ou os não judeus, eram impuros e infiéis. Eram discriminados a ponto de não poderem judeus e gentios sentarem-se à mesma mesa para uma refeição.

A Origem das Escrituras

Da mesma forma que os judeus, a Igreja Romana e mais tarde os Protestantes, após realizarem as adaptações de texto que entenderam necessárias, passaram a adotar dogmática, irrestrita e literalmente, a interpretação dos termos do Antigo Testamento, considerando a Bíblia como sendo a expressão da voz de Deus.

O sentido figurado com que foram escritas muitas das passagens do Antigo Testamento e outras, visando controlar o povo,

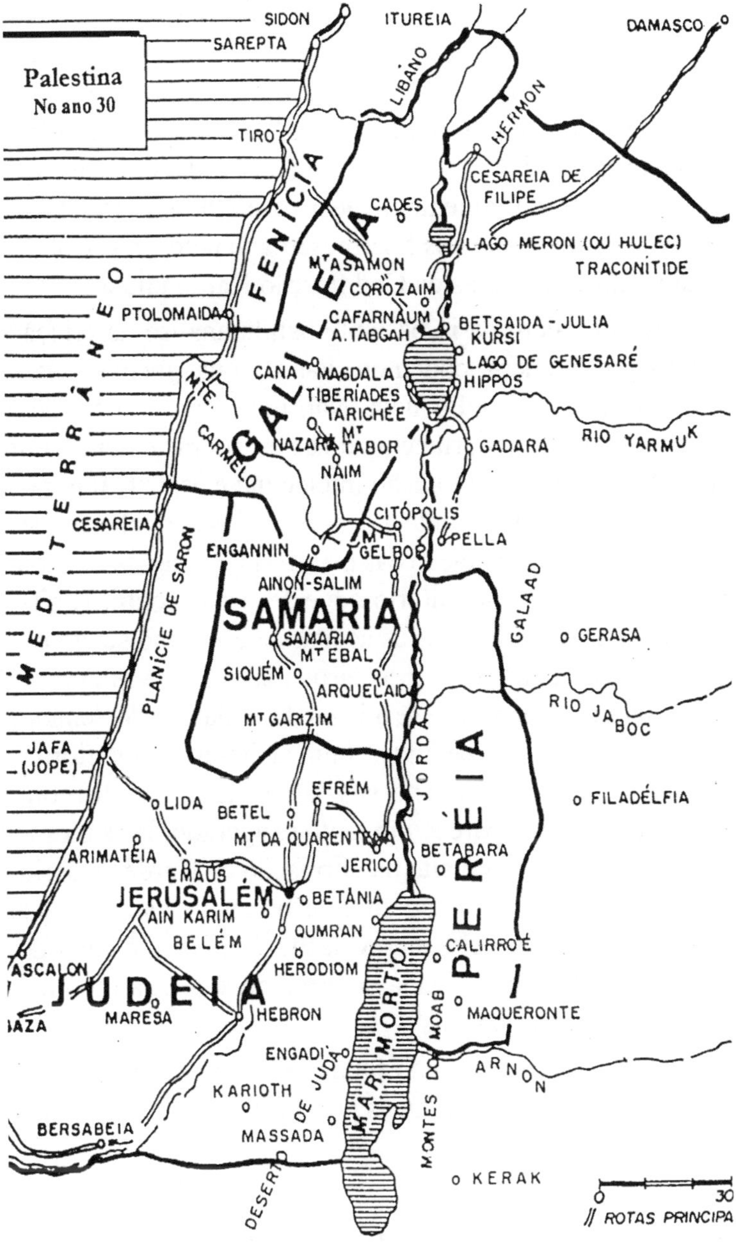
Palestina
No ano 30
SIDON
SAREPTA
ITUREIA
DAMASCO
LÍBANO
HERMON
TIRO
FENÍCIA
CESAREIA DE FILIPE
CADES
GALILEIA
LAGO MERON (OU HULEC)
TRACONITIDE
Mt ASAMON
COROZAIM
MEDITERRÂNEO
PTOLOMAIDA
CAFARNAUM
A. TABGAH
BETSAIDA - JULIA
KURSI
LAGO DE GENESARÉ
CANA
MAGDALA
HIPPOS
TIBERÍADES
TARICHÉE
CARMELO
NAZARÉ
Mt TABOR
GADARA
RIO YARMUK
NAIM
CITÓPOLIS
CESAREIA
PELLA
ENGANNIN
Mt GELBOÉ
AINON-SALIM
GALAAD
SAMARIA
PLANÍCIE DE SARON
SAMARIA
Mt EBAL
GERASA
SIQUÉM
ARQUELAIDA
RIO JABOC
Mt GARIZIM
JAFA
(JOPE)
PEREIA
JORDÃO
EFRÉM
FILADÉLFIA
LIDA
BETEL
Mt DA QUARENTENA
ARIMATÉIA
BETABARA
JERICÓ
EMAUS
JERUSALÉM
BETÂNIA
AIN KARIM
QUMRAN
BELÉM
CALIRROÉ
ASCALON
HERODIOM
MAR MORTO
JUDEIA
GAZA
MARESA
HEBRON
MOAB
MAQUERONTE
ENGADI
ARNON
DESERTO DE JUDÁ
KARIOTH
MONTES DO MOAB
BERSABEIA
MASSADA
KERAK
0
30
ROTAS PRINCIPA

fig. 1

seus hábitos e costumes, pelo temor e pela religião, incorporam dados válidos para o estágio de civilização da época. Para nós, não podem ser consideradas como a expressão da palavra de Deus, por fornecerem, muitas vezes, dados que contrariam os conhecimentos científicos, as leis da razão, da lógica e da natureza. Descrevem frequentemente a figura de um Deus bastante diferente daquele que nos foi apresentado pelo Cristo, no Novo Testamento e nas obras da Codificação Kardequiana.

Assim, além da já bastante batida análise da criação do mundo e do homem, podemos citar algumas incoerências que desafiam a nossa inteligência. Não nos move a ideia de aqui tentar desfazer a importância dessas escrituras e nem teríamos autoridade moral ou evolução intelectual e espiritual para isso. O que nos move é somente a despretensiosa conclusão, de que não seria lógica a aceitação das manifestações agressivas ou dos comportamentos contraditórios, que deporiam contra a onisciência do Pai amantíssimo, se as aceitássemos como sendo de Sua autoria. Certamente os verdadeiros autores dessas afirmações necessitaram, na época, de se utilizar da "palavra" do Senhor para obter os resultados almejados, como já dissemos anteriormente. Mas, daí, a aceitarmos em nossos dias essas afirmações como de origem divina, nos parece um tanto exagerado. Podemos ainda apoiar o nosso pensamento na afirmação de Kardec inserida na página 18 de *A Gênese*, ao abordar o mesmo assunto, quando diz: "O caráter essencial da revelação divina é o da eterna verdade. Toda revelação eivada de erros ou sujeita a modificação não pode emanar de Deus".

Exclusivamente como fundamentação de nosso ponto de vista, reproduziremos algumas poucas passagens, das inúmeras existentes.

O Senhor se contradiria em suas afirmações:

Gênesis 32:30 — "Jacó pôs àquele lugar o nome de Fanuel, dizendo: Eu vi a Deus face a face, e a minha alma foi salva".

Êxodo 33:11 — "O Senhor falava a Moisés face a face, como um homem costuma falar com o seu amigo".

Números 12:6 a 8 — "...disse-lhes: Ouvi as minhas palavras: se entre vós algum é profeta do Senhor, eu lhe aparecerei em visão, ou lhe falarei em sonhos. Mas não é assim a respeito do meu servo Moisés, o qual é fidelíssimo em toda a minha casa; porque a ele eu falo face a face; e ele vê o Senhor claramente e não sob enigmas e figuras."

Deuteronômio 34:10 — "Não se levantou mais em Israel profeta como Moisés, que o Senhor conhecesse face a face...".

Mas, contrariamente, o Senhor afirmaria:

Êxodo 33:20 — "E (o Senhor) acrescentou: Não poderás ver a minha face, porque o homem não pode ver-me e viver".

Êxodo 33:23 — "Depois (o Senhor diz) tirarei minha mão e me verás pelas costas; mas meu rosto não o poderás ver".

O Senhor se arrependeria de seus atos:

Gênesis 6:5 e 6 — "Deus vendo que era grande a malícia dos homens sobre a Terra, e que todos os pensamentos do seu coração estavam continuamente aplicados ao mal, arrependeu-se de ter feito o homem sobre a Terra".

I Samuel 15:11 — "Arrependo-me de ter feito rei a Saul, porque me abandonou e não cumpriu as minhas ordens".

Certamente isso se contradiz ao que encontramos em:

Números 23:19 — "Deus não é como o homem capaz de mentir nem sujeito a mudanças. Ele disse uma coisa e não o fará? Falou e não cumprirá a sua palavra?"

I Samuel 15:29 — "Ora, aquele que triunfa em Israel não te perdoará, e nem se dobrará pelo arrependimento, porque não é um homem que tenha de que se arrepender".

O Senhor se cansaria como qualquer mortal, seria agressivo e recomendaria a violência e a guerra:

Gênesis 2:2 — "E Deus acabou no sétimo dia a obra que tinha feito; e descansou no sétimo dia de toda a obra que tinha feito".

Jeremias 15:6 — "Tu me abandonaste, diz o Senhor, tu voltaste para trás; por isso eu estenderei a minha mão sobre ti e te destruirei, porque estou cansado de te rogar".

Êxodo 32:27 — "Ele disse-lhes: Eis o que diz o Senhor Deus de Israel: Cada um cinja a sua espada ao seu lado; passai e tornai a passar de porta em porta através dos acampamentos e cada qual mate o seu irmão, o seu amigo e o seu vizinho".

Deuteronômio 20:10 a 14 — "Quando te aproximares para combater uma cidade, primeiramente lhe oferecerás a paz. Se ela aceitar e te abrir as portas, todo o povo que houver nela será salvo e te ficará sujeito pagando tributo. Mas, se não quiser aceitar as condições e começar a guerra contra ti, cerca-la-ás. E quando o Senhor, teu Deus, te houver entregado nas mãos, passarás ao fio da espada todos os varões que nela há, poupando as mulheres, as crianças, os animais, e tudo o mais que houver na cidade. Distribuirás toda a presa pelo exército e comerás dos despojos dos teus inimigos, que o Senhor, teu Deus, te tiver dado".

Interessante a apresentação do episódio da peste sobre Israel e a coerente recriminação de Davi aos atos do Senhor:

II Samuel 24:15 e 17 — "Mandou, pois, o Senhor a peste a Israel, desde aquela manhã, até o tempo assinalado, e morreram do povo, desde Dan até Bersabeia, setenta mil homens. Davi, logo que viu o anjo ferindo o povo, disse ao Senhor: Eu sou o que pequei, eu fui o que procedi mal; que fizeram estes, que são as ovelhas?"

Dentre os fatos incompreensíveis como recomendações que seriam consideradas de origem divina, encontramos:

Deuteronômio 23:12 a 14 — "Terás fora do acampamento um lugar onde vás satisfazer as necessidades da natureza, levando no cinto um pauzinho; e, tendo satisfeito a tua necessidade, cavarás ao redor e cobrirás os excrementos com terra, depois de te teres levantado (porque o Senhor, teu Deus, anda no meio do campo, para te livrar e para te entregar os teus inimigos) e o teu acampamento seja santo, e não apareça nele nada de impuro, para que ele não te abandone".

Deuteronômio 25:11 e 12 — "Se se levantar alguma pendência entre dois homens, e um começar a renhir contra o outro, e a mulher de um, querendo livrar seu marido da mão do mais forte, estender a mão e lhe pegar pelas partes vergonhosas, cortar-lhe-ás a mão, e não te moverás de compaixão alguma por ela".

Ezequiel 4:12 e 13 — "O pão tu comerás cozido debaixo da cinza, como uma torta de cevada; debaixo (da cinza) de excremento humano o cozerás, à vista deles. O Senhor disse: Assim comerão os filhos de Israel o seu pão imundo entre as gentes, para onde eu os lançarei".

Para complementar a análise que acabamos de realizar sobre as revelações contidas no Antigo Testamento e a aceitação de sua origem, como sendo divina, entendemos que são o suficientemente esclarecedoras as palavras encontradas no capítulo I de *A Gênese*[6], de Kardec, que passamos a reproduzir e que falam por si mesmas, conforme itens:

"22 — O Cristo, tomando da antiga lei o que é eterno e divino e rejeitando o que era transitório, puramente disciplinar e de concepção humana, acrescentou a revelação da vida futura,

[6] *A Gênese, os Milagres e as Predições segundo o Espiritismo*, Allan Kardec, publicado por diversas editoras. (Nota da Editora)

de que Moisés não falara, assim como a das penas e recompensas que aguardam o homem depois da morte".

"23 — A parte mais importante da revelação do Cristo, no sentido de fonte primária, de pedra angular de toda a sua doutrina é o ponto de vista inteiramente novo que considera ele a Divindade. Esta já não é o Deus terrível, ciumento, vingativo, de Moisés; o Deus cruel e implacável, que rega a terra com o sangue humano, que ordena o massacre e o extermínio dos povos, sem excetuar as mulheres, as crianças e os velhos, e que castiga aqueles que poupam as vítimas; já não é o Deus injusto, que pune um povo inteiro pela falta do seu chefe, que se vinga do culpado na pessoa do inocente, que fere os filhos pelas faltas dos pais; mas, um Deus clemente, soberanamente justo e bom, cheio de mansidão e de misericórdia, que perdoa ao pecador arrependido e dá a cada um segundo as suas obras. Já não é o Deus de um único povo privilegiado, o Deus dos exércitos, presidindo aos combates para sustentar a sua própria causa contra o Deus dos outros povos; mas, o Pai comum do gênero humano, que estende a sua proteção por sobre todos os seus filhos e os chama todos a si; já não é o Deus que recompensa e pune só pelos bens da Terra, que faz consistir a glória e a felicidade na escravidão dos povos rivais e na multiplicidade da progenitura, mas, sim, um Deus que diz aos homens: 'A vossa verdadeira pátria não é neste mundo, mas no reino celestial, lá onde os humildes de coração serão elevados e os orgulhosos serão humilhados'. Já não é o Deus que faz da vingança um atributo e ordena se retribua olho por olho, dente por dente; mas, o Deus de misericórdia que diz: 'Perdoai as ofensas, se quereis ser perdoados; fazei o bem em troca do mal; não façais o que não quereis vos façam'. Já não é o Deus mesquinho e meticuloso, que impõe, sob as mais rigorosas penas, o modo como quer ser adorado, que se ofende sob a inobservância de uma fórmula; mas, o Deus grande, que vê o pensamento e não se honra com a forma. Enfim, já não é o Deus que quer ser temido, mas o Deus que quer ser amado".

II

OS EVANGELHOS

A palavra Evangelho vem do grego "euangelion", que é decomposto em "eu" que significa "bem" e "angelion", "missionário", isto é, "missionário do bem"; passado para o latim, "evangelion", teve seu significado estendido para "boa nova".

Os conhecimentos contidos no Evangelho ou o relato da vida e dos ensinamentos de Jesus foram sendo passados oralmente, como era o costume na época, a chamada "tradição oral". Isso acontecia por ser limitado o número dos que sabiam ler e dentre os que sabiam, poucos dispunham de meios materiais para a execução da escrita.

As Primeiras Redações

A reprodução exclusivamente oral da vida do Cristo, que se transmitia de pessoa a pessoa, ocorria, até que em meados do século I, supostamente por volta dos anos 75, os judeus cristãos residentes em Betânia, os parentes de Jesus e os discípulos fugitivos da destruição de Jerusalém, resolveram escrever aquele que seria o Evangelho em seu texto protótipo. Teria sido redigido em aramaico, dialeto conhecido como sírio-caldaico, o mesmo usado por Jesus e seus discípulos, e que era, como diz o historiador Ernest Renan, "abusivamente chamado hebreu". Este Evangelho não foi utilizado mais tarde na composição da Vulgata Latina, documento que englobou os Evangelhos aceitos pelos então chamados cristãos ortodoxos que vieram a compor a Igreja Romana. Consta que esse Evangelho denominado Hebreu e Nazareno foi conservado no original até o século V. Consta ainda, que São Jerônimo havia copiado e traduzido dele, alguns trechos, e que o Evangelho que foi denominado como sendo de Mateus, seria semelhante a este. Essas escrituras, que continham várias diferenças em relação às que vieram a compor o Novo Testamento, não apresentavam entre outros fatos, o nascimento virginal de Jesus e desapareceram na mesma época e da mesma forma, que as traduções gregas e latinas dissonantes dos evangelhos canônicos.

Outro aspecto interessante, é que nesse Evangelho Nazareno a figura de Tiago — o Menor — irmão ou primo de Jesus, é ressaltada, sendo ele o primeiro dos apóstolos a ter a vidência de Jesus desencarnado, ao passo que nos evangelhos canônicos, esses fatos teriam sido eliminados.

Além desse Evangelho Hebreu, foram desconsiderados pela Igreja Romana, para a composição do Novo Testamento, outros 44 Evangelhos, além dos ditos falsos Atos dos Apóstolos, Epístolas, os Livros de Enoch e Esdras, pessoas bastante consideradas pelos eruditos da época, e, ainda, vários Apocalipses.

O *Evangelho de Tomé*, um dos desconsiderados, é tido como o mais antigo deles e o que mais fielmente reproduziria as palavras de Jesus. Segundo nos informa Elizabeth Clare Prophet no livro *Reencarnação*, a descoberta desse Evangelho teria ocorrido juntamente com o *Livro Secreto de João*, o *Evangelho de Felipe* e outros documentos provavelmente gnósticos, protegidos em um vaso de cerâmica, que fora enterrado. O achado incluiria treze livros e os especialistas acreditam que se referem a cópias de manuscritos cristãos, provavelmente do século I ou II, escritos em folhas de papiro costuradas em uma capa de couro. Essa descoberta realizada por um fazendeiro chamado Muhammed'Ali, ocorreu no ano de 1945, em um local próximo à cidade de Nag Hammadi, no Egito, junto às escarpas do Nilo. Eram documentos copiados em copta, escrita egípcia que utilizava os caracteres gregos e que era normalmente empregada pelos monges cristãos primitivos radicados no Egito. Supõe-se que tenham sido enterrados por monges, visando salvá-los da destruição, ao tempo do Bispo Atanásio, de Alexandria, por serem então, considerados heréticos.

Os Evangelhos Canônicos

Dentre os aceitos como autênticos, o Evangelho de Marcos foi escrito em Roma, no idioma grego popular conhecido como "koiné", pelo discípulo que acompanhou Pedro até seus últimos dias. Baseia-se nos relatos de Pedro, apesar de ter sido escrito após sua morte; não inclui pontos como a genealogia, o nascimento e a infância de Jesus. Não apresenta uma sequência cronológica e não se baseou em qualquer outro Evangelho ou lendas. Teria sido escrito entre os anos 60 e 80.

Segundo Ernest Renan, o "pseudo Evangelho de Mateus", teria sido o segundo a ser escrito e não o primeiro, como indicado pela Igreja Romana. Sucederia o de Marcos e viria a completá-lo. Seria de autoria de judeus cristãos da Síria, escrito em hebraico e bem após a morte do apóstolo que lhe deu o nome. Se basearia no de Marcos, sendo, porém, bem mais detalhado e completo, incluindo supostamente grande quantidade de lendas e de profecias. Da mesma forma, não guarda uma sequência cronológica.

O Evangelho de Lucas, o terceiro, teria sido escrito entre os anos 80 e 98. É o mais bem redigido apesar de não ter ele conhecido Jesus; é o mais literário e segue os pensamentos de Paulo, de quem o autor era seguidor.

Lucas que era médico por profissão, talvez culturalmente o mais evoluído, é também o autor do Atos dos Apóstolos; é considerado aí, mais fidedigno do que teria sido na redação do Evangelho.

Os Evangelhos de Marcos, Mateus e Lucas são chamados de Sinópticos, isto é, são semelhantes entre si, o que tem num tem nos outros livros. O Evangelho de João não foi considerado sinóptico por suas características; por ser mais místico (por assemelhar-se à obra de um teólogo), por conter pensamentos próprios do autor e conter mais detalhes que não tem nos outros três livros, não se restringindo a reproduzir ou narrar palavras.

O Evangelho de João, filho de Zebedeu e irmão de Tiago (o maior), é o quarto Evangelho. Deve ter sido escrito em Éfeso, entre os anos 98 e 110. Sobre ele não se têm maiores informações, sabendo-se, no entanto, que sofreu evidente influência da seita judaica dos essênios.

João foi também o autor do Apocalipse, que leva seu nome.

Se analisarmos comparativamente os Evangelhos Canônicos, vamos encontrar neles pontos em comum e diferenças interessantes, tais como:

Estudando os episódios que envolveram o nascimento de Jesus, encontramos para análise o seguinte:

• Herodes, o Grande, aliado dos romanos, permaneceu como rei da Palestina até a sua morte no ano 4 a.C. Segundo Lucas 2:1 e 2, teria sido decretado por César Augusto, a realização de um recenseamento. Por essa razão, José e Maria, já grávida, teriam se deslocado de Nazaré, na Galileia, para a cidade de Belém de Judá, na Judeia, onde Jesus teria nascido;

• Em Mateus, consta ter recebido a visita dos reis Magos, e em Lucas a dos pastores;

• Ambos indicam Jesus como nascido em Belém, o que confirmaria à profecia sobre a vinda do Messias;

• Em Marcos e João nada encontramos sobre o nascimento de Jesus.

Os pontos incoerentes dessas afirmações são os seguintes:

Quanto ao local de nascimento:

• Não foi encontrada qualquer referência a um recenseamento realizado durante o reinado de Herodes, o Grande;

• O recenseamento não é citado em Mateus;

• Os romanos não tinham interferência direta sobre o reinado de Herodes, o Grande;

• O recenseamento de interesse romano, caso tivesse sido realizado, seria sobre o patrimônio, para fins tributários;

• Só eram recenseados os homens, chefes de família, e seria realizado no local de residência, ou seja, em Nazaré.

• Ao tempo de Jesus as pessoas eram identificadas não pelo sobrenome, mas pela referência, "filho de", "da Tribo ..." ou pela cidade de origem, como: Maria de Nazaré, Maria de Betânia, Maria de Magdala, Jesus de Nazaré.

Quanto à época:

• Se o nascimento de Jesus ocorreu na época indicada por Mateus e Lucas, Jesus teria nascido entre 4 e 6 anos antes do que é hoje considerado, pois Herodes, o Grande, faleceu no ano 4 a.C. Essa conclusão se baseia no relato de Mateus 2:16, onde Herodes havia determinado a matança das crianças com até dois anos de idade, visando entre elas eliminar a vida do Messias que, portanto, poderia já ter atingido essa idade.

Como nos fala Léon Denis: "Muitos fatos parecem imaginários e acrescentados posteriormente. Tais, por exemplo, o nascimento em Belém, de Jesus de Nazaré, a degolação dos inocentes, de que a história não faz menção alguma, a fuga para o Egito, a dupla genealogia, contraditória em tantos pontos, de Lucas e Mateus".

Como última frase de Jesus crucificado, encontramos:

• Em Marcos 15:34, o Salmo: "Deus meu, Deus meu, por que me desamparaste?";

• Em Mateus 27:46, o Salmo: "Deus meu, Deus meu, por que me abandonaste?";

• Em Lucas 23:46, outro verso também dos Salmos: "Pai, nas tuas mãos encomendo o meu Espírito";

• Em João 19:30, que assistiu Sua morte, simplesmente: "Tudo está consumado".

Com referência à forma especial de concepção, com a virgindade de Maria:

• É relatada em Mateus e em Lucas;

• Não se encontram referências em Marcos e João;

• Não se encontra qualquer palavra ou comentário de Paulo, em suas epístolas, o que naturalmente seria de se esperar.

No sermão da montanha:

• Em Mateus 5:1 consta que Jesus sobe a montanha para falar ao povo;

• Em Lucas 6:17 é dito que Jesus desce a montanha para falar ao povo, na planície.

A descrição do que fala Jesus nesse sermão, também apresenta diferenças:

• Em Mateus a exposição do Mestre seria bem mais ampla, sendo relatada em 12 versículos;

• Em Lucas o relato seria feito em apenas 6 versículos;

• Não há referências nos outros Evangelhos.

As alterações dos textos, resultantes da transmissão oral e das interferências inseridas pelos copistas dos manuscritos, que se sucederam, devem ainda ser acrescidas das deturpações introduzidas pelos tradutores, como é o caso da última frase do "Pai Nosso". Em certa versão, a oração termina com a seguinte frase: "porque teu é o reino, o poder e a glória para sempre. Amém";

essa frase, no entanto, não existe nos manuscritos primitivos, no texto original em grego, e passou a não mais ser incluída nas versões modernas.

Também no Pai Nosso, nas traduções mais antigas constava em Mateus 6:12: "E perdoa-nos as nossas dívidas, como também nós perdoamos aos nossos devedores". Nas mais modernas, passou a constar: "perdoa as nossas ofensas, assim como nós perdoamos aos que nos têm ofendido".

A Vulgata Latina

Em realidade, o que foi aprovado originalmente baseou-se, de uma maneira geral, em relatos de memória ou em fragmentos escritos, que ainda puderam vir a ser utilizados na recomposição dos textos. Esses textos básicos sofreram a análise e a revisão antes de serem reconhecidos. Esse encargo foi atribuído pelo Papa Dâmaso, no ano de 382, a São Jerônimo, que deveria proceder a seleção dos diferentes documentos existentes e traduzi-los para o latim. Isso foi feito em relação ao Novo Testamento. Quanto ao Antigo Testamento, a tradução teria sido também realizada por ele, mas a partir do hebraico.

S. Jerônimo estudando a Bíblia

O Velho e o Novo testamentos foram editados em uma única obra, recebendo como título a palavra grega "Bíblia", que significa, "Os Livros".

O resultado dessa composição da *Bíblia* em latim é conhecido como "Vulgata Latina" e após ter sido apresentada por Jerônimo, foi considerada como sendo a versão oficial da Igreja Romana.

Sobre o texto apresentado, recebeu Jerônimo críticas de várias naturezas, tais como: por apresentarem os Evangelhos divergências entre si; por ter ele, Jerônimo, realizado alterações nos textos originais; por não corroborarem os Evangelhos, inteiramente, ao que era considerado pela Igreja como verdadeiro. No prefácio da Vulgata, foi ele obrigado várias vezes a se referir às pressões recebidas como, por exemplo, "Qual de fato, o sábio e mesmo o ignorante que, desde que tiver nas mãos um exemplar novo, vendo que se acha em desacordo com o que está habituado a ler, não se ponha imediatamente a clamar que eu sou um sacrílego, um falsário, porque terei tido a audácia de acrescentar, substituir, corrigir alguma coisa nos antigos livros?"

Apesar da Vulgata ter sua versão reconhecida no século IV, só foi assim declarada oficialmente, por ocasião do Concílio de Trento em 1546. No entanto, foi essa versão considerada insuficiente e alterada por Sixto V em 1590. Novamente foi considerada incorreta por Clemente VIII e vem até hoje sofrendo revisões.

Até o ano de 1455, cada exemplar da *Bíblia* era copiado, à mão, pelos monges e escribas, não se podendo saber do grau de imperfeição dessas cópias, até que viesse a se transformar no primeiro livro impresso por Johann Gutenberg, na cidade de Mainz, na Alemanha, em 1456.

Gutenberg

Após a primeira impressão da Vulgata, nos termos em que chegou às mãos de Gutenberg, passou ela a sofrer além das alterações de cunho oficial, as revisões das Editoras e a influência dos tradutores, nesse pouco mais de meio século, que se passou, após a invenção da imprensa.

Embora os Evangelhos tenham certamente sido inspirados pelo Plano Espiritual Superior, não caberia ser dito, como o foi afirmado pelo 1° Concílio do Vaticano (1869-70), de "ter Deus como seu Autor". Esta afirmação certamente irá dificultar qualquer aceitação, por parte da Igreja Romana, de possíveis erros que possuam, e que possam, por exemplo, vir a ser encontrados em documentos, como os foram, os manuscritos do Mar Morto, descobertos em 1947.

Essa mesma concepção é adotada pelos protestantes, que nesse aspecto, talvez, venham a ser mais radicais. Temerariamente, consideram como obra Divina não só os Evangelhos Canônicos ajustados ao Protestantismo, mas a Bíblia em sua totalidade, isto é, incluindo o Antigo Testamento também ajustado que, como sabemos, contém informações que desafiam qualquer análise racional.

Os textos dos Evangelhos sofreram, como vimos, alterações de toda ordem, que continuam a ser feitas até os nossos dias, quer nas versões Católicas, quer nas Protestantes a partir da tradução realizada por Lutero, quando da Reforma em 1517.

O Novo Testamento, tanto na versão Católica como na Protestante, permaneceu com 27 livros. No entanto, o Antigo Testamento teve sua versão Protestante reduzida de 46 para 39 livros, sendo excluídos por serem considerados apócrifos ou falsos, os seguintes: Tobias, Judite, 1º e 2º livros de Macabeus, Sabedoria, Eclesiástico e Baruc.

Mas não importam as deturpações ocorridas; o importante é o conteúdo das mensagens deixadas pelo Mestre, nos dando um rumo à nossa caminhada, como nos afirma Edgard Armond: "Nas pregações doutrinárias, quando nos referimos ao Evangelho de Jesus, consideramos o conteúdo moral e iniciático dos ensinamentos e não, indistintamente, a tudo quanto consta do livro, pois que este sofreu muitas adulterações.

Bastaria deixar esses ensinamentos indeléveis nos fatos inumeráveis de Sua vida dedicada ao Bem, no Seu sacrifício na Cruz e ainda no derrame da mediunidade sobre Seus apóstolos, como foi exemplificado no Pentecostes com os prosseguimentos que, a partir daí, se foram dando e perduram até nossos dias".

Essa talvez seja a razão básica de haver sido publicado por Kardec, em 1864, o *Evangelho segundo o Espiritismo*, atendendo a orientação do Espírito de Verdade. Talvez por essa razão, a Espiritualidade tenha limitado esse texto a determinados ensinamentos e parábolas do Mestre, não tendo incluído a totalidade das passagens e informações citadas no Novo Testamento canônico.

III
A CASA DO CAMINHO

À época de Jesus, várias eram as seitas judaicas. As principais, sobre algumas das quais encontramos várias referências feitas por Jesus eram:

Fariseus: Conhecidos como os radicais doutores e intérpretadores da lei; acreditavam na imortalidade da alma, na eternidade das penas e na ressurreição dos mortos. Não aceitavam a convivência com estrangeiros e as inovações.

Escribas: Eram os encarregados de escrever as leis e interpretá-las, o que faziam juntamente com os fariseus.

Saduceus: Seita criada por Sadoc. Não aceitavam a imortalidade da alma e a ressurreição. Acreditavam em Deus, esperando com isso benefícios imediatos, já que nada existiria após a morte.

Essênios: Mantinham-se vivendo em comunidades isoladas, semelhantes a mosteiros, em geral fora das cidades, como nas montanhas de Qumrã e no Monte Nebo, de onde saíam para atender aos necessitados. Não admitiam o sacerdócio, eram celibatários, estudavam e praticavam a medicina, aceitavam a reencarnação e eram considerados como os mais espiritualizados entre os judeus. Ensinavam o amor a Deus e ao próximo, repudiando a escravidão e a guerra. O nome da seita foi dado por seu fundador, Éssen, filho adotivo de Moisés.

O povo em geral era visto, e em consequência discriminado, segundo pertencesse aos seguintes grupos:

Hebreus: judeus nascidos na Palestina;

Helenistas: judeus nascidos fora da Palestina, isto é, entre os pagãos. Esse nome era utilizado indiferentemente também, para os que tivessem sofrido influência grega;

Prosélitos: pagãos convertidos ao judaísmo, e;

Gentios: todos os não judeus.

De um modo geral, os fariseus que mantinham a maior influência no Sinédrio, eram favoráveis aos hebreus, hostilizavam os helenistas e os prosélitos e não admitiam o relacionamento com os gentios.

O Trabalho dos Apóstolos

Após o desencarne de Jesus, os apóstolos continuaram mantendo-se ligados às leis mosaicas e frequentando os cultos no Templo, mas ao mesmo tempo, enfrentavam os sacerdotes e os fariseus, através dos relatos que faziam sobre os ensinamentos, os milagres e sobre o que supunham ser a ressurreição do Cristo. Essas manifestações passaram a ser reprimidas, tendo então início a perseguição aos cristãos, com repetidas prisões de seus líderes. Tiago (o maior), irmão de João, foi morto, à espada, no ano 43, por interesse do rei Herodes Agripa em ser agradável aos hebreus.

O historiador Wells nos dá uma ideia bastante clara da posição dos líderes religiosos judeus, diante das afirmações de Jesus. Assim ele nos explica: "Os judeus estavam convencidos de que Deus, o Deus único de todo o mundo, era um Deus reto e justo, mas estavam igualmente convencidos de que era um deus negociante que fizera um trato com seu Pai Abraão a respeito deles, trato em verdade excepcional, uma espécie de concessão privilegiada do mundo, que se destinava a levá-los, por fim, à predominância na Terra. Com assombro e cólera ouviram Jesus destruir estas preciosas e caras certezas, na verdade destruir-lhes a carta de direitos sobre Deus e sobre o mundo. Deus, ensinava Jesus, não era nenhum contratante ou negociante; não havia nenhum povo escolhido, nem favoritos no Reino do Céu. Deus era o Pai amoroso de toda a vida, tão incapaz de preferências e favores como o sol universal. E todos os homens eram irmãos — pecadores todos e todos filhos amados — desse Pai Divino".

São encontrados relatos atribuindo a Tiago (o menor), irmão ou primo de Jesus, a liderança entre os apóstolos, em virtude de sua importância na comunidade judaica e por ter sido o primeiro para quem Jesus teria aparecido, como é citado no Evangelho Hebreu, não canônico. Várias dessas referências são feitas nos documentos descobertos em Nag Hammadi. Pelo Evangelho de Tomé, teria ele, Tiago, sido designado para liderar os apóstolos. Seria ele ainda, autor dos três Apocalipses de Tiago, documentos considerados gnósticos, de natureza judeu-cristã e não canônicos. Uma das referências que podem ser encontradas sobre essa posição de Tiago, é a epístola de Paulo aos Gálatas 1:19, onde diz: "... dos outros apóstolos não vi nenhum, senão Tiago, irmão do Senhor".

Nos manuscritos do Mar Morto, encontrados em Qumrã, foram identificadas grandes ligações e semelhanças entre os cristãos e os essênios. O pesquisador e arqueólogo inglês Lankester Harding, enumera algumas dessas semelhanças nos seguintes hábitos essênios: reunirem-se em ceias de pão e vinho, como na última ceia de Jesus; as comunidades eram chefiadas por doze "homens de santidade", como os doze apóstolos; exigiam moral rígida, mantinham uma vida de hábitos simples, combatiam a violência e praticavam a assistência e a cura dos enfermos.

No Evangelho encontramos inúmeras referências e manifestações dos apóstolos e do próprio Mestre, contra os escribas e fariseus, contra o sacerdócio oficial judeu e a favor da reencarnação, posições que confirmariam as comunicações mediúnicas de nossos tempos, falando dos encontros de Jesus com os essênios, durante sua juventude. As mais importantes referências desses contatos são encontradas nos livros: *A Grande Espera*[7] e em *Harpas Eternas*[8].

Com o início da tarefa apostólica dos discípulos, foi criado próximo a Jerusalém, então capital da Palestina, e na estrada para Jope, o primeiro local de reunião dos seguidores do Cristo, a chamada Casa do Caminho. Nesse local eram recebidos os necessitados, os doentes e nele se reuniam os "Homens do Caminho", como eram chamados os seguidores do Cristo, para o estudo das passagens do Evangelho ainda não escrito, mas, contadas oralmente.

A Casa do Caminho dirigida inicialmente por Simão Pedro, teria recebido além dos discípulos, e entre tantos indigentes, Estêvão, curando-o e transformando-o em um grande conhecedor e pregador do Evangelho e mais tarde, em um mártir do Cristianismo.

Em decorrência das crescentes atividades dos "Homens do Caminho", um jovem e brilhante fariseu, doutor das leis, Saulo de Tarso, foi designado pelo Sinédrio para ser o perseguidor, principalmente dos helenistas cristãos. Assim, ele foi o responsável pela execução de Estêvão, entre outros e durante a viagem de perseguição que realizava a Damasco no ano 38, foi surpreendido no caminho com a visão do Cristo, o que resultou em sua conhecida conversão ao Cristianismo.

---

[7] Novelino, Corina. *A Grande Espera*. Ditado pelo Espírito Eurípedes Barsanulfo. Araras (SP): Instituto de Difusão Espírita, 1977. Artigo publicado no jornal, editado pela FEESP, *O Semeador*, de junho de 2003.

[8] Alvarez, Josefa Rosalía Luque. *Harpas Eternas*. Ditado pelo Espírito de Hilarion do Monte Nebo. Tradução de Hélio Moura. S. Paulo (SP): Pensamento, 1977.

A Tarefa de Paulo

Fora da Palestina, a Síria era o país onde mais havia se desenvolvido o Cristianismo. Em Damasco era elevado o número de judeus-cristãos e em seus arredores, na cidade de Kokba, existia uma expressiva comunidade helenística essênia que havia se convertido ao Cristianismo. Entre eles, Paulo permaneceu vivendo por três anos após a conversão e antes de retornar a Jerusalém. Já como Paulo de Tarso e acompanhado de Barnabé, retornou a Jerusalém encontrando-se na Casa do Caminho com Pedro e Tiago (o menor).

O culto e inteligente doutor das leis judaicas havia mudado. Como afirma o escritor Dean Inge em uma de suas obras, *Outspoken Essays*: "Compreendeu o que muitos cristãos nunca compreenderam, isto é, que o Evangelho de Cristo não é uma religião, mas a religião em si mesma, na sua mais profunda e mais universal significação".

A influência dos costumes judaicos continuava a interferir no relacionamento entre esses grupos. Assim é que os judeus-cristãos não se sentavam à mesma mesa com os cristãos de origem pagã, os gentios. Esses grupos, em consequência, eram obrigados a se reunir em ambientes diferentes.

Após sua conversão, e apesar de sua formação farisaica, Paulo dedicou-se principalmente à conversão dos "gentios", pessoas a quem antes desprezava. Isso veio a acontecer devido à pressão que os judeus, mesmo os judeus-cristãos, passaram a desenvolver sobre ele. Conhecendo melhor as leis mosaicas, enfrentava com maior eficiência seus antigos aliados, durante os debates que realizava, tanto nas ruas, como nas próprias sinagogas. Além disso, Paulo mantinha uma posição intransigente quanto a não considerar necessária a realização da circuncisão dos gentios convertidos ao Cristianismo.

Por volta do ano 48, face ao aumento do nacionalismo judeu perante a ocupação romana, essa exigência passara a ser apresentada com maior veemência pelos judeus-cristãos de Antioquia, cidade cosmopolita, e importante polo grego e judeu, que passara a ser o segundo maior centro cristão da época, já que o primeiro era Jerusalém. A pressão foi de tal ordem, que Paulo e Barnabé foram obrigados a se deslocar até Jerusalém, para que o assunto pudesse ser submetido aos Apóstolos. Esse incidente passou a ser denominado "Concílio[9] de Jerusalém". Reuniram-se no ano de 49, além de Paulo e Barnabé, Tiago (o menor) que nessa época já representava a comunidade cristã de Jerusalém, os anciãos por ele liderados, Pedro que retornava de viagens, e João. A decisão em apoio à posição de Paulo e de Barnabé, foi no sentido de que não seria exigido dos gentios a circuncisão. Essa decisão determinou a ruptura das ligações ainda existentes entre o Cristianismo e o Judaísmo.

A partir daí, Paulo passou a ser considerado pelos judeus e por certos judeus-cristãos, como um traidor de seus costumes. Resolveu então partir para suas viagens por países de influência grega, disseminando pela Síria, Turquia, Grécia, Chipre, Macedônia e vários outros países e regiões do Mediterrâneo, Igrejas, todas com características semelhantes. Elas foram se implantando e se desenvolvendo nos mesmos moldes e mais ou menos ostensivamente, em função do grau de repressão encontrada em cada cidade. Eram casas simples e pobres, que atendiam dentro do possível à comunidade cristã e aos necessitados. Os seus frequentadores passaram a ser chamados de "Nazarenos" e posteriormente foram denominados de "Cristãos" (Atos 11:26).

As chamadas, em grego, "Ecclesias", que significa "assembleia, reunião" ou simplesmente Igrejas, não eram os edifícios,

[9] Concílio ou Sínodo é a assembleia de prelados católicos, onde são tratados assuntos dogmáticos, doutrinários ou disciplinares, de interesse da Igreja.

mas sim a comunidade, a reunião dos fiéis, as assembleias, que eram dirigidas normalmente por um ancião, escolhido pelos cristãos, dentre seus frequentadores. Esse dirigente era citado por Paulo como "diácono", palavra grega que significava "servidor ou homem de serviço".

Com o passar do tempo, já sob a influência romana, os diáconos passaram a ser substituídos pelos chamados presbíteros, e colocados como responsáveis pela administração dos bens das Ecclesias.

Essas eram as Igrejas criadas com as características da Casa do Caminho. Seriam então, o que são hoje nossos Centros Espíritas; locais de reunião para a comunidade religiosa, para o estudo do Evangelho, para o atendimento dos doentes e necessitados. Casas simples e pobres, onde a preocupação deve ser a caridade e o amor ao próximo. Os dirigentes, à semelhança dos diáconos, são ainda hoje escolhidos entre os frequentadores, não sendo encontrada a figura do sacerdote, figura essa que tanto havia sido combatida por Jesus.

Contrariamente ao que ocorria com as demais religiões da Antiguidade, e mesmo com o Judaísmo e o Islamismo, nas Ecclesias as mulheres chegaram a ter uma participação igual à dos homens como diaconisas[10]. Só passaram a ser totalmente discriminadas após serem introduzidas as transformações realizadas pela Igreja Romana, aproximando-as do modelo dos templos pagãos.

Segundo nos informam os diversos versículos do Atos dos Apóstolos e os documentos encontrados na região do Mar Morto, além das atividades de Paulo, outros apóstolos também atuaram na disseminação do Cristianismo, criando uma área territorial de influência própria. Pedro, antes de seguir para Roma, teria divulgado o Evangelho pelas cidades localizadas no litoral do

[10] Diaconisas = As chamadas "viúvas" citadas como pertencentes à estrutura judeu-cristã primitiva.

Treves
Reims
Lutecia
Lion
Viena
Milão
Aquileia
Pettau
Ravena
Toulouse
Arles
Narbona
Astorga
Saragossa
Tarragona
Roma
Putéoli
Mérida
Cartago
Djemila
Timgad
Mar
Mediterrâneo
Leptis Magn
Montanhas com mais de 1.000 m.

fig. 2a

Europa, Ásia Menor,
e Oriente Médio,
no Século II

fig. 2b

Mediterrâneo, na Palestina, Fenícia, Síria e Cilícia; Tiago (o menor) irmão ou primo de Jesus (considerado como sendo o primeiro bispo de Jerusalém), na Palestina, tendo como seu sucessor, seu primo ou irmão, Simeão (considerado como sendo o segundo bispo de Jerusalém); Tomé na Mesopotâmia; Filipe entre as cidades da Ásia Menor oriental, da Frígia; João pela Ásia Menor ocidental, tendo sido exilado na ilha de Patmos e morrido em Éfeso, onde teria, segundo alguns, escrito o Apocalipse. Outra hipótese é que o Apocalipse teria sido escrito quando de sua permanência na ilha de Patmos (fig. 2).

IV

A INFLUÊNCIA DE ALEXANDRIA

No Egito, junto ao delta do Nilo, despontava como centro de importância cultural, a cidade cosmopolita de Alexandria, que disputava com Roma o centro das atenções no Império Romano.

Havia ela, de há muito, recebido a influência dos filósofos gregos de maior projeção. Assim, lá teriam sido deixados, entre outros, por Platão, seus pensamentos e aqueles de seu mestre, Sócrates, ambos verdadeiros precursores das ideias do Cristo.

Platão

Sócrates

Desde o início dos tempos o homem se preocupou com a vida e com a morte; o saber de onde vem e para onde vai. Ao mesmo tempo, ele sempre teve a noção instintiva da existência de uma divindade, que seria o seu criador e que regeria sua vida e sua morte. Desde a Antiguidade os grandes pensadores, os filósofos, falavam e escreviam sobre isso.

Com a vinda do Cristo muitas concepções se transformaram, já que em relação a várias tendências, a mensagem se modificara. Fora passada para o homem o conceito do "amor ao próximo"; o do "não fazer aos outros o que não se deseja para si", ao invés do antigo conceito do "olho por olho". A noção da responsabilidade pelos atos praticados, contida na lição de que "cada um colhe o que semeia"; a justiça da felicidade ou do sofrimento, inserida na ideia do "a cada um segundo suas obras", ou a figura dos resgates dos débitos acumulados, envolvida pela imagem da prisão, onde esclarece: "Em verdade te digo: Não sairás de lá antes de ter pago o último centavo".

O Pensamento de Fílon

Dentro desse novo modo de encarar a vida, e nessa mesma época, vamos encontrar um filósofo judeu, um teólogo respeitado, mas que tendo sofrido uma positiva influência grega, via as coisas, os episódios e as narrações do Antigo Testamento, de uma maneira um pouco diferente daquela de seus confrades judeus da Palestina; via-as com uma feição um pouco mais iluminada e racional. Chamava-se ele, Fílon (20 a.C.–50 d.C.); era originário da cidade de Alexandria, no Egito. Apesar de continuar se declarando judeu, entendia a ressurreição e a vida de uma maneira bem mais espiritualizada.

Assim, através da análise de seus ensinamentos passaram a ser revistos, entre outros, o verdadeiro significado da vida e da morte.

Considerava ele a vida espiritual como sendo a verdadeira vida; referia-se à existência de duas formas de morte: a morte do corpo e a morte da alma.

A morte da alma ocorreria quando ela é aprisionada ao corpo, ou melhor, vivendo no corpo como em um túmulo. Seria para nós a encarnação. Por sua vez, a morte do corpo ocorreria com a ressurreição da alma; ressurreição ou renascimento espiritual e não físico, não da carne como esperada e interpretada pelos próprios judeus e posteriormente pelos cristãos ortodoxos, os Católicos. Denominavam-se "ortodoxos", aqueles que aderiram à aceitação do que teria tradicionalmente sido considerado verdadeiro pela Igreja oficial.

Fílon apontou como veracidade de sua afirmação, entre outras, a passagem da expulsão de Adão e Eva do Jardim do Éden, em Gênesis 3:3, no Antigo Testamento, em que Deus ameaça com a morte caso Adão tocasse na árvore proibida; na expulsão, Deus os castigou por terem comido do fruto da árvore proibida, dizendo à mulher: "multiplicarei os teus trabalhos, e teus partos. Darás à luz com dor os filhos, e estarás sob o poder do marido e ele te dominará". E disse a Adão: "Porque deste ouvidos à voz de tua mulher, e comeste da árvore, que eu te havia ordenado que não comesses, a Terra será maldita por tua causa; tirarás dela o sustento com trabalhos penosos todos os dias de tua vida. Ela te produzirá espinhos e abrolhos, e tu comerás a erva da terra. Comerás o pão com o suor do teu rosto, até que voltes à terra, de que foste tomado; porque tu és pó e em pó te hás de tornar". (Gênesis 3:16 a 19).

Como se depreende da transcrição, segundo os esclarecimentos de Fílon, a morte representou a encarnação no corpo físico, ficando então a alma sujeita às leis da natureza material, até que pudesse livrar-se desse corpo físico, renascendo para a espiritualidade.

A Influência de Orígenes

Essa visão de Fílon influenciou também a interpretação do teólogo cristão Orígenes, de Alexandria, de parte dos gnósticos e dos cristãos heterodoxos de maneira geral. Eram considerados heterodoxos aqueles que não aceitavam, sem discussão, sem debate dos aspectos lógicos e racionais, os dogmas e as decisões que eram impostos pela chamada Igreja Romana.

Assim, aceitavam as ideias de Fílon por possuírem elas fundamento lógico, interpretarem as bases reais no pensamento da época e por encontrarem no Novo Testamento referências coerentes com os dizeres do filósofo. Apresentamos as seguintes:

Em João 11:25 e 26, Jesus diz:

"Eu sou a ressurreição e a vida; o que crê em mim, ainda que esteja morto, viverá; e todo aquele que vive e crê em mim, não morrerá eternamente".

Em carta de Paulo aos Efésios 5:14:

"Desperta tu que dormes; levanta-te dentre os mortos e Cristo te alumiará".

Em carta de Paulo aos Colossenses 3:1:

"Portanto, se ressuscitastes com Cristo, buscai as coisas que são lá de cima..."; em 3:9 e 10 "...despojando-vos do homem velho com todas as suas obras e revestindo-vos do novo...".

Em carta de Paulo em I Coríntios 15:22:

"E, assim como todos morrem em Adão, assim também todos serão vivificados em Cristo".

Em carta de Paulo em I Coríntios 15:35 e 36:

"Mas dirá alguém: Como ressuscitarão os mortos? E com que corpo viverão? Louco, o que tu semeias não toma vida se não morre".

Em carta de Paulo aos I Coríntios 15:42 a 47:

"... Semeia-se o corpo corruptível, ressuscitará o incorruptível. Semeia-se na ignomínia, ressuscitará glorioso; semeia-se inerte, ressuscitará robusto; é semeado um corpo animal, ressuscitará um corpo espiritual. Se há corpo animal, também o há espiritual, como está escrito: O primeiro homem, Adão, foi feito alma vivente, o último Adão, espírito vivificante. Mas não é primeiro o espiritual, mas sim o animal e, depois, o espiritual".

Em carta de Paulo aos Romanos 8:11 e 12:

"E, se o espírito daquele que ressuscitou a Jesus dos mortos, habita em vós, ele, que ressuscitou a Jesus Cristo dos mortos, também dará vida aos vossos corpos mortais, por meio do seu espírito que habita em vós. Portanto, irmãos, somos devedores não da carne, para que vivamos segundo a carne. Porque se viverdes segundo a carne, morrereis, mas se, pelo espírito, fizerdes morrer as obras da carne, vivereis".

Em Mateus 8:18 a 22:

"E a um outro discípulo disse-lhe: Senhor, deixa-me ir primeiro enterrar meu pai. Porém, Jesus respondeu-lhe: segue-me e deixa que os mortos enterrem seus mortos".

Após a fase das perseguições iniciais e dos primeiros mártires, o Cristianismo passou a sofrer as interferências locais e a influência das diversas lideranças, cada uma com suas ideias próprias, visando encontrar a maneira mais fácil de conquistar novos adeptos, de angariar poder e influência política.

O primeiro grande pensador cristão, dirigente da Escola de Catequese, foi Clemente de Alexandria. Para ele, "o Cristianismo é a verdadeira filosofia, a verdadeira sabedoria". Através de sua pregação, procurava incutir a ideia de que o Evangelho deveria perder a roupagem palestina e judaica e vestir uma posição mais helenística, mais grega. Nas posições de Clemente se fundamentaram as bases dos cristãos heterodoxos.

Assim, surgiram na igreja de Alexandria a corrente dos gnósticos e dos origenistas, liderados por Orígenes (185-254); teólogo, estudioso, autor de inúmeras obras, discípulo e sucessor de Clemente na direção da Escola de Catequese de Alexandria. A ele se opunham os chamados cristãos ortodoxos.

Embora a maior parte dos livros de autoria de Orígenes tenha sido destruída por serem considerados heréticos, por não aceitar ele a adoção dos dogmas e rituais que não haviam sido utilizados pelo Cristo, sabe-se que falava ele da preexistência da alma e sobre a reencarnação. Para ele a reencarnação fazia parte de um sistema de salvação baseado no esforço individual e no relacionamento da alma com o deus interior, que acabaria conduzindo à união com Deus. Seu conceito sobre reencarnação se originava de:

1. Escrituras cristãs, e nas judaicas contidas nas palavras de Fílon;

2. Dos clássicos gregos, Sócrates e Platão e de Pitágoras;

3. Do gnosticismo; método filosófico religioso, que declarava conciliar todas as religiões através do estudo da gnose, isto é, do conhecimento, da sabedoria;

4. Do neoplatonismo; corrente filosófica religiosa surgida na cidade de Alexandria;

5. De Clemente de Alexandria, professor cristão que o antecedera.

Não satisfeito com os ensinamentos de Orígenes, o Bispo Demétrio de Alexandria, no ano de 215, participante da corrente dos ortodoxos, proibiu que ele continuasse a pregar na Igreja, com o argumento de que não havia sido ordenado padre. Impedido de atuar naquela cidade, Orígenes passou a pregar em outros locais, e diante da crescente pressão, mudou-se para Cesareia, nova capital da Palestina após a destruição de Jerusalém. Em Cesareia foi nomeado sacerdote, por Theócrito, o bispo local. Não mais contando com a desculpa de que se utilizara, Demétrio conseguiu sua excomunhão, baseado no argumento de Orígenes afirmar, ser possível o demônio ser salvo.

Outro ponto que colocou os ortodoxos contra Orígenes, foi a defesa do livre-arbítrio. A Igreja não podia admitir que uma pessoa que houvesse sido salva por ela pudesse cair novamente, nem que um mendigo ou uma prostituta pudesse se salvar, elevando-se ao nível dos anjos.

Entendiam os ortodoxos que o destino de cada um era definido por Deus e não pela intenção individual de transformação.

Orígenes citava Paulo, que dissera: "onde está o espírito do Senhor, aí há liberdade". Dizia que a própria queda do Jardim do Éden, sugere o livre-arbítrio e a reencarnação.

Dizia ainda Orígenes: "Deus deu a todos as mesmas oportunidades e potencialidades. Os nossos próprios atos causaram nossas diferenças".

Permaneceu em Cesareia e com 68 anos foi preso, torturado e morreu ao ser libertado.

Um outro aspecto que viria condicionar o raciocínio dos ortodoxos, impedindo a aceitação da preexistência da alma, e em consequência, a aceitação da reencarnação, foi a definição da natureza da alma. Apoiando teses as mais variadas, sem realizarem uma análise de conjunto, esses teólogos, entre aspas, se enredaram em uma teia que os levava frequentemente às contradições.

Para Orígenes e para Clemente de Alexandria, seu orientador, a alma pertencia ao mundo espiritual e o corpo ao mundo material. Para eles existia um mundo espiritual invisível e permanente, e um mundo material visível e mutável. As almas proveem da Mente Divina e mesmo encarnadas, mantêm um elo de ligação com a origem.

Enquanto esses conceitos eram ensinados pelos dois patriarcas, os ortodoxos da Igreja ensinavam exatamente o contrário. Que a alma não é, e nunca foi parte de Deus e que ao contrário, pertence ao mundo material, estando separada de Deus por um abismo, só podendo passar para o mundo espiritual com a ajuda da Igreja. A alma e o corpo são criados ao mesmo tempo, no momento da concepção. Essas definições colocavam a figura da ressurreição como sendo a da carne e não a do espírito, já que a alma seria material.

Desse modo, após definirem que seria a alma criada no momento da concepção, e sendo ela material, não poderia ser aceita a preexistência da alma, e, portanto, a reencarnação. Não aceitando a reencarnação, como poderiam ser justificadas as diferenças entre os homens, em se considerando a justiça divina? Por muito tempo as discussões se prolongaram sem que pudesse haver um consenso.

V
CONSTANTINO I – O GRANDE

No início do século III, o Cristianismo pela primeira vez era reconhecido como religião oficial. Isso ocorreu no estado de Osroena, após a conversão de seu rei Abgar IX (179 – 216), o primeiro rei cristão. Tratava-se de um pequeno reino vassalo de Edessa, junto ao rio Eufrates. O Cristianismo já havia chegado a Adiabene, situado a leste do rio Tigre, antiga Mesopotâmia, atual Iraque, país que se encontrava sob o poder dos persas. A Pérsia, atual Irã, tinha como religião oficial o Masdeísmo.

De uma maneira geral, o Cristianismo se disseminara pela Palestina, Síria, Ásia Menor; pelo Mediterrâneo, incluindo o norte da África, desde o Egito, até Magreb; pelos Balcãs, até o extremo ocidental do Império Romano, a Inglaterra.

O Império Romano entrava em decadência, e o general Diocleciano, que havia sido guindado à posição de Imperador, com o intuito de reduzir os litígios e os movimentos reacionários que surgiam, no ano de 284 resolveu dividir o Império em quatro territórios, entregando cada um deles a um general.

Sob o controle de Diocleciano e depois com o Imperador Galério, foi desenvolvida a última perseguição aos cristãos em todo o Império, tendo variado de região para região, a severidade na execução dos Éditos publicados, e em consequência, a crueldade utilizada na perseguição.

A tetrarquia, como ficou chamada, não se manteve por muito tempo após a morte de Diocleciano. Os tetrarcas entraram em guerra, tendo Constantino saído vencedor, reunificado o Império e governado entre 313 e 337.

A Cristianização do Império

Foi durante esse período do Imperador Constantino que se realizou a grande mudança de atitudes do poder central, em relação aos cristãos.

Considerando que o Cristianismo já era a religião professada por um volume expressivo da população, Constantino difundiu a notícia de sua conversão, através de uma história que virou lenda, e resolveu legalizar a religião através de decreto, o chamado Édito de Milão, no ano 313.

Com a legalização do Cristianismo, os pagãos passaram a frequentar as igrejas, para depois serem convertidos.

O Cristianismo passou a sofrer a influência do paganismo, influência que foi ampliada com a entrega feita pelo Imperador Constantino, dos antigos templos pagãos às Igrejas cristãs ortodoxas. No entanto, para que surtisse efeito a utilização da religião como meio de aglutinação popular em torno de seu Imperador, era necessário que a nova igreja pudesse absorver os adeptos das religiões pagãs, fazendo o Cristo substituir essas inúmeras divindades encontradas em cada uma das possessões romanas, distribuídas pelo mundo. Precisava atrair os antigos adeptos dos templos pagãos, quaisquer que eles fossem, para novos deuses. Por isso deveriam ser usados os aparatos que já haviam antes impressionado e habituado os povos ao paganismo.

Assim é que, desconhecendo o sistema do direito popular, instituído na Casa do Caminho, voltara a Igreja a adotar a figura dos sacerdotes, anteriormente criticada por Jesus; instituíra a estrutura dos bispos metropolitanos ou patriarcas escolhendo os bispos, estes os padres e por fim os diáconos que passaram a ter funções administrativas.

A partir do século II, o bispo de Roma passara a ter primazia sobre os demais.

Constantino se declarava cristão, mas na realidade utilizou-se do Cristianismo, manejando as instituições da época e conduzindo sua implantação nas condições que melhor atendessem aos interesses de seu Império.

A Adoção das Imagens

Utilizando os nichos das paredes dos antigos templos, que eram usados para a colocação das imagens dos deuses, passaram os dirigentes das Igrejas a ali instalar as imagens de Jesus, de Maria sua mãe, e dos mártires. Entendiam que com isso obteriam maior interesse por parte do povo.

Adotaram os paramentos e as indumentárias que pudessem parecer atrativas, os ritos, assim como os cajados de ponta recurvada, os mesmos utilizados pelos antigos sacerdotes pagãos.

No entanto, a entronização das imagens que passaram a ser cultuadas nas novas Igrejas, como já o haviam sido nos templos pagãos, estavam em total contradição com o que rezava o Decálogo, popularmente conhecido como "os Dez Mandamentos", recebido por Moisés no monte Sinai, e que até hoje tem sido divulgado. Talvez, por essa razão, o Decálogo que ainda hoje consta do Antigo Testamento, não é o mesmo que é ensinado nas aulas do catecismo da Igreja Romana.

Encontramos no Antigo Testamento, como segundo mandamento, em Êxodo 20:4 e 5, o seguinte: "Não farás para ti imagem de escultura, nem figura alguma do que há em cima no céu, e do que há embaixo na terra, nem do que há nas águas debaixo da terra. Não adorarás tais coisas, nem lhes prestarás culto". Praticamente o mesmo texto vamos também encontrar ainda no Antigo Testamento em Deuteronômio 5:8 e 9. No entanto, o que é ensinado como segundo mandamento, é o seguinte: "Não tomar seu santo nome em vão".

Por volta do ano 330, Constantino havia fundado a cidade de Constantinopla, hoje denominada Istambul, que passou a ser em 395 a capital do Império Romano do Oriente, criado pelo Imperador Teodósio.

O primeiro movimento de reação face à adoção e ao culto das imagens, de que se tem notícia, foi o chamado "Movimento Iconoclasta", implantado na cidade de Constantinopla. Além deste e só bem mais tarde, irão surgir novas reações ao uso das imagens, por ocasião da Reforma Protestante.

A Influência Pagã

Passara a ser motivo de preocupação: a aparência luxuosa das Igrejas, a adoção dos altares e púlpitos, dos sinos, do incenso e dos corais, no lugar das salas simples e pobres das antigas Igrejas criadas por Paulo. Deixaram de ser atendidos ali os pobres e doentes que afastavam os novos e importantes fiéis. No entanto, essas medidas passaram a afastar os cristãos primitivos, transformando-os em críticos da nova Igreja. Começaram então a sofrer a perseguição dos novos dirigentes, tendo muitos deles, se retirado para o deserto, onde se reuniram dando origem ao monasticismo, a vida espiritualizada dos mosteiros. Esses místicos eremitas que se refugiaram nos desertos, passaram a ser chamados de monges ou ascetas, procurando se afastar de tudo que significasse materialismo. Esse fenômeno passou a ser constatado no Egito, na Líbia, na Ásia Menor e na Grécia.

Muitos desses cristãos primitivos, que não aceitavam as mudanças, passaram a ter suas histórias relatadas por Eusébio de Cesareia, sábio que apoiava as posições ligadas aos cristãos heterodoxos, e que descreve esses episódios, em seu livro *História Eclesiástica*, nos seguintes termos:

"Naquele tempo, muitos dentre os cristãos sentiam a alma tocada de intenso amor pela perfeição, pela ação do Verbo Divino. Começavam a cumprir o conselho do Salvador e distribuíam aos pobres seus bens; depois, abandonando a pátria, iam cumprir a missão de evangelistas, com a ambição de pregarem aos que ainda nada tinham ouvido falar da palavra da fé, transmitindo-lhes os livros dos evangelhos divinos. Contentavam-se em lançar os fundamentos da fé em algum país estrangeiro, em seguida estabeleciam outros pastores e lhes confiavam o cuidado de cultivar os que acabavam de conquistar para a fé. Feito isso, tornavam a partir para outros países e outras nações, com a graça e o auxílio de Deus...".

O progresso realizado por esses pregadores, difundiu o Cristianismo para fora do território do Império Romano, atingindo a Pérsia, a Armênia, a Albânia, o antigo Cáucaso, hoje Azerbaijão, desde as tribos nômades dos países árabes, até os pequenos reinos como o atual Iêmen, alcançando ainda na África, a Etiópia, antiga Abissínia.

No entanto, era necessário justificar as medidas adotadas e o grupo que apoiava as novas medidas, os chamados ortodoxos, passou a apresentar interpretações que na realidade não eram encontradas no Evangelho do Cristo e muito menos nas manifestações dos filósofos, teólogos e pensadores de respeito.

Assim, como justificativa para a substituição dos sacrifícios de animais que eram realizados nos templos pagãos, foi aprovado, pelo concílio do ano 318, a interpretação de que o drama de Jesus no Gólgota, passasse a ser encarado como um sacrifício de sangue, "hostiae piaculares", que quer dizer, vítimas sacrificadas para expiar o pecado de outrem; o sacrifício do Mestre na cruz, passaria então a substituir todos os outros sacrifícios de sangue, pela morte de animais, que seriam abolidos. Em lugar deles, foi instituída a missa, onde seria realizado, a título de sacrifício, o que passou a se denominar "eucaristia", sendo considerado como "hóstia", isto é, como vítima, o corpo e o sangue de Jesus, representados pelo pão e pelo vinho.

Aos poucos todas as figuras e exteriorizações do paganismo iam sendo substituídas por outras, e cada vez mais, todos os aspectos que haviam sido condenados por Jesus, eram reavivados e reintroduzidos no Cristianismo, que passou a adotar um novo nome. Essa nova religião passou a denominar-se "Católica", que quer dizer universal, título válido para a época, já que o Império Romano ocupava parte expressiva do mundo então conhecido.

Constantino só aceitou ser batizado, por desencargo de consciência, no momento de sua morte, com o objetivo de ter todos seus pecados perdoados, já que nessa hora não disporia mais de tempo hábil para que cometesse novos.

Sucessores de Constantino, como seu filho Constâncio, deram continuidade à cristianização do Império.

A última tentativa de retorno ao paganismo foi feita por Juliano, o apóstata, seu sobrinho, por um período bastante curto de 361 a 363. Os imperadores que o sucederam, deram continuidade ao combate ao paganismo e aderindo ao Catolicismo Ortodoxo, passaram a perseguir sistematicamente os hereges a partir de 381.

O paganismo só foi oficialmente impedido de atuar, tendo seus templos fechados ou destruídos, em 391.

VI

ARIUS E O CONCÍLIO DE NICEIA

No início do século IV, Ósio de Córdoba, auxiliar de Constantino para assuntos eclesiásticos é designado para verificar as divergências criadas entre um sacerdote chamado Arius e o Bispo Alexandre de Alexandria, secundado por seu assistente Atanásio. O problema envolveria a doutrina trinitária que há tempos suscitava dissidências em vários pontos do Império.

O princípio da trindade era adotado por todas as religiões da Antiguidade, com exceção do Judaísmo e do Budismo. De um modo geral, nessas religiões, a divindade era composta pelo Pai, a Mãe e o Filho, ou ainda, pelo Pai, o Filho e o Espírito.

A primeira referência encontrada sobre essa tendência, vamos conhecer milênios atrás, no conteúdo de um dos livros do *Vedas*, que é uma verdadeira Bíblia hindu. Fomos buscar este texto, bastante significativo, em tradução de Edgard Armond[11], realizada em 1920, onde se lê no *Rig Veda*, o seguinte: "Ele é sempre 'Uno', ainda que seja ao mesmo tempo a 'Mãe', o 'Pai' e o 'Filho' e quando os sacerdotes investigando, cobrem o Deus resplandecente de luz, dos cantos e das vibrações, é sempre o Deus 'Uno' que eles celebram, não obstante as três formas que ele reveste".

Para a Igreja romana ortodoxa, deveria ser a trindade instituída com o "Pai" como o criador, o "Filho" como o Logos

---

[11] Jacolliot, Louis. Os Vedas. França,1881. *Edgard Armond, meu pai*, Editora Aliança.

nascido homem e o "Espírito Santo" como o iluminador dos fiéis. Essa teoria estava bastante coerente com as ideias do filósofo Plotino, que dizia ter o Universo uma tríplice constituição. Seria ele o resultado do "Uno", do "Intelecto" e da "Alma".

A posição de Alexandre vinha ao encontro das ideias de Constantino, na absorção dos dogmas pagãos pelo cristianismo.

Discutia-se mais apaixonadamente a plena igualdade entre o "Pai" e o "Filho", o Logos (a Palavra). Outro ponto de discórdia seria a terceira pessoa da Trindade que passara a ser a figura do "Espírito Santo", representado por uma pomba branca, indicando toda a manifestação espiritual, que só poderia ser divina, já que, para eles, somente a alma divina seria espiritual.

Arius

Diante dessa teoria, a oposição apresentada, foi efetivada pelo padre líbio, Arius, que visava salvaguardar a precedência do Pai. Suas afirmações em defesa de suas teorias eram as seguintes:

"O Filho não é, por sua vez, eterno, co-eterno com o Pai, incriado como Ele, (literalmente: não-gerado, não-tornado), pois é do Pai que recebeu a vida e o ser".

"Se o Pai gerou o Filho, aquele teve um início de existência e em consequência, houve um tempo em que esse Filho não existia".

Os ortodoxos não aceitavam a afirmação, "não existia antes de ser gerado", que consideravam como blasfêmia.

Essas frases geraram uma das maiores controvérsias da história da Igreja Romana e a discussão ganhou as ruas tornando-se tema de debates e cantigas populares que se difundiram da Alexandria até Constantinopla.

No livro *History of the Byzantine Empire* (História do Império Bizantino), vamos encontrar uma referência feita pelo padre Gregório de Nissa, de Constantinopla, que assim descrevia aqueles dias: "Todos os lugares estão cheios de pessoas que falam de coisas ininteligíveis – as ruas, os mercados, as praças e as encruzilhadas. Pergunto quantos óbolos tenho de pagar; em resposta filosofam sobre o nascido e o não nascido. Quero saber o preço do pão e alguém me responde: — 'O Pai é maior do que o Filho'. Pergunto se meu banho está pronto e dizem-me: 'O Filho foi feito do nada'."

O Bispo Alexandre tentou sem sucesso condenar os "erros" de Arius, convocando um concílio em 320, com bispos do Egito e da Líbia, quando foi ele excomungado. Arius não aceitou a reprimenda e foi procurar apoio na Palestina e na Bitínia, como Orígenes havia feito quando o mesmo acontecera com ele. Apoiado pelo sábio Eusébio de Cesareia, ex-discípulo de Orígenes, e ainda de patriarcas da Ásia Menor e do Oriente, foi por eles reabilitado, sendo anuladas as decisões da Alexandria.

Os adeptos de Arius, chamados arianos, foram acusados de heresia ao colocar em dúvida a divindade do Cristo, quando argumentavam: "Se existe um abismo entre o criador e a criação, onde fica o Cristo? Ele foi criado do nada como o restante das criaturas? Ou fazia parte de Deus?"

Arius afirmava: "Fé só é aquela que pode enfrentar a razão face a face"; "A verdade não é o mistério – a verdade é a razão"; e argumentava: "Se o Filho é subordinado ao Pai, Ele não é absolutamente Deus; Ele não é tudo quanto o Pai é, o que quer dizer que não é igual ao Pai. De outra forma, haveria dois deuses iguais em tudo, o que é politeísmo".

O arianismo entendia que Cristo foi adotado por Deus como Filho e que nós poderíamos seguir seu exemplo, nos tornando como dizia Paulo, "co-herdeiros com Cristo". Essa teria sido a razão da encarnação do Cristo. Mostra-nos, pelo exemplo, como o homem pode alcançar o grau de perfeição.

Em contrapartida, Atanásio dizia: Só porque Jesus chamou a Deus de "Pai nosso", não significa que Ele seja nosso Pai como o é de Jesus. Por essa razão é encontrada no "Credo" a afirmação de que Jesus é o único filho de Deus.

Com a radicalização de posições, se ampliava a área de apoio a cada um dos lados, criando uma defecção cada vez maior.

O debate só foi resolvido por decisão do imperador Constantino, determinando a convocação do Concílio de Niceia para 20 de maio de 325. Essa cidade, próxima de Constantinopla, foi colocada sob grande pressão política, resultante da própria presença do Imperador e de sua guarda. Poucos bispos dentre os que compareceram, participaram da tomada de decisões.

Os concílios ou sínodos eram reuniões ou assembleias de padres e bispos, que deveriam ser convocadas por um bispo para a interpretação ou aprovação de um dogma a ser adotado pela Igreja.

Pelo historiador Hilton Hotema, conforme fez constar no prefácio do livro *The First Council of Nice* (O Primeiro Concílio de Niceia), 1.800 bispos estiveram presentes no Concílio de Niceia. Ele afirma que: "Constantino foi muito esperto em realizar o Concílio em Niceia, cidade da Bitínia, uma das mais remotas das províncias do Império, pois assim os romanos não tomariam conhecimento dos seus verdadeiros propósitos". Esse historiador, além disso, escreve que Sabinus, em carta a um amigo, informa que somente votaram com Constantino, 300 bispos; que esses bispos "eram homens iletrados e simples, incapazes de compreender o que se passava". Temerosos de serem tachados de hereges e desejando retornar às suas cidades, votaram com o Imperador, sem entenderem que estavam simplesmente alterando as bases do Cristianismo.

Constantino, apesar de não ter sido batizado, presidiu os trabalhos do Concílio, sentado em seu trono de ouro que havia sido colocado no centro do salão. Quando Arius levantou-se para falar, alguém lhe bateu no rosto e muitos se retiraram tampando os ouvidos, para não ouvir suas heresias.

Com o Concílio de Niceia passaram a ser consideradas oficialmente aceitas, a divindade de Jesus e com ela, o dogma da "Santíssima Trindade", instituição pagã das religiões politeístas; assim também, a ressurreição da carne, citada explicitamente nos versos do primeiro credo, chamado "Credo de Niceia". Para esse Cristianismo modificado, agora denominado Catolicismo, a ressurreição da carne ocorreria, como para os judeus, no dia do juízo final.

A divindade de Jesus foi, em Niceia, praticamente instituída por decreto, nos seguintes termos: "A igreja de Deus, católica e apostólica, anatematiza os que dizem que houve um tempo em que o Filho não existia, ou que não existia antes de haver sido gerado".

Arius que promovera toda a agitação, e aqueles que o defenderam, por iniciativa de Constantino foram excomungados e exilados, sendo suas obras destruídas.

Como resultado do Concílio de Niceia ficou definido que **Jesus era o único filho de Deus**. Essa afirmação permanece ainda hoje no texto do Credo. Além disso, essa posição conduziu a Igreja à negação da preexistência da alma, isto é, ela sendo criada no momento da concepção, juntamente com o corpo, pertenceriam ambos ao mundo material e não seriam criados por Deus. A negação da preexistência da alma eliminaria mais tarde a teoria da reencarnação.

Aprovando as decisões do Concílio, Constantino proclamou um édito contra os hereges, denominando-os inimigos e opositores da verdade e da vida. Proibia aos hereges o direito de reunião, entregando as Igrejas ao controle dos ortodoxos. Determinou a devassa, o confisco e a destruição dos livros dos professores e alunos, podendo a consulta ou manutenção dessas obras ser punida com a morte.

Apesar de todas as medidas, durante ainda muito tempo se mantiveram as ideias do arianismo sendo estudadas na clandestinidade.

A vitória de Constantino, no entanto, não foi duradoura. O debate continuou e a própria posição do Imperador, por influência de sua irmã havia se modificado.

Estava iniciada uma fase de revide dos que haviam sido perseguidos, e que agora sendo chamados de volta do exílio e sendo reabilitados, passaram a atuar contra seus detratores, afastando-os de suas posições. Para o próprio Atanásio, que agora havia sido guindado à posição de bispo de Alexandria, foi preparada uma armadilha, sendo ele também exilado para Treves no ano 335. Foi ele novamente exilado pelo Imperador Constâncio em 339 para Roma e em 356 para o deserto do Egito.

A Divindade de Jesus

Arius havia sido morto por envenenamento.

Após inúmeras ações do Estado, somente em 391, o Imperador Teodósio conseguiu encerrar a disputa, tornando o Catolicismo ortodoxo como a religião oficial de todo o Império Romano.

Os longos debates sobre a divindade de Jesus, haviam se encerrado, no entanto, como interpretar as afirmações encontradas no Evangelho, como as que reproduzimos a seguir:

• Na epístola de Paulo, I Coríntios 8:5 e 6 – "De fato, ainda que haja alguns que se chamem deuses ou no céu ou na terra, para nós, contudo, há só um Deus, o Pai, de quem tiveram o ser todas as coisas";

• Em João 12:49, Jesus assim se manifesta: "Porque eu não falei por mim mesmo, mas o Pai que me enviou; Ele mesmo me prescreveu o que devo dizer e o que devo ensinar";

• Em João 8:40, Jesus diz aos judeus: "Mas agora procurais matar-me, a mim que sou um homem que vos disse a verdade que ouvi de Deus";

• Em João 14:28, Jesus afirma aos apóstolos: "Se vós me amásseis, certamente havíeis de folgar de eu ir para o Pai, porque o Pai é maior do que eu";

• Ainda em João 20:17, Jesus diz à Maria de Magdala: "Mas vai a meus irmãos e dize-lhes: Subo para meu Pai e vosso Pai, meu Deus e vosso Deus".

Ou ainda, como discordar das seguintes palavras de Orígenes:

"O Deus eterno tem direito a maiores homenagens; somente ele tem direito à verdadeira adoração e não os outros deuses que com ele vivem e são seus ministros e subordinados, sendo ele próprio seu Deus e seu criador".

Ou da perfeita apreciação de Léon Denis, discípulo de Kardec: "Assim, para os discípulos de Jesus, como para todos os que atentamente e sem paixão, estudam o problema dessa existência admirável, o Cristo, segundo a expressão que a si próprio aplica, não é mais que o "profeta" de Deus, isto é, um intérprete, um porta-voz de Deus, um Espírito dotado de faculdades especiais, de poderes excepcionais, mas não superiores à natureza humana".

Também, há longo tempo se estendia a discórdia em relação à terceira pessoa da Trindade, que passara a ser a figura do Espírito Santo, representada por uma pomba branca, e que indicaria toda a comunicação de Espíritos que demonstrassem um certo grau de esclarecimento.

O movimento que havia agravado as discussões na cidade de Alexandria, visando dotar o Cristianismo do conceito da Trindade, e que conseguira a aceitação da personificação de Jesus como Deus, no Concílio de Niceia, foi completada com a aceitação oficial do Espírito Santo como um dos componentes da Trindade divina, adotada como dogma no Concílio de 381.

Passava assim a ser definido, o princípio que regeria a interpretação de todas as comunicações ocorridas ou que viessem a ocorrer, entre o plano espiritual e o plano material, que nós espíritas encaramos com tanta naturalidade.

As comunicações relatadas no Antigo Testamento e no Evangelho, que eram originariamente referidas aos santos Espíritos, ou como constavam nos textos em grego e na Vulgata em latim "Spiritum bonum" (Espíritos bons), em tantas passagens e principalmente no Pentecostes, passaram a ser todas denominadas manifestações divinas, atribuídas ao "Espírito Santo", o novo deus integrante da Trindade que não existia na Vulgata. A partir da criação desse dogma, todas as manifestações de "Espíritos bons" relatadas no Evangelho passaram a ser do Espírito Santo, e qualquer outra manifestação de intercâmbio entre os planos espiritual e material, que se realizasse através de um Espírito sofredor, ignorante de sua situação ou um necessitado de qualquer natureza, passaria a ser interpretada como de um Espírito satânico, já que a alma não era aceita como sendo de natureza espiritual.

Os livros que vieram a ser reunidos ao Antigo Testamento, bem após o Pentateuco Mosaico e sob o título de Profetas, possuem autores diversos. Eles se constituem na mais verdadeira demonstração da mediunidade, séculos antes da vinda do Mestre e que já era reconhecida como manifestação espiritual. São seus autores, pessoas das mais variadas origens, como indica o historiador Wells: Como exemplo, Ezequiel, que pertencia à casta sacerdotal e das simpatias sacerdotais, enquanto Amós era um humilde pastor. De um modo geral todos traziam mensagens de força religiosa, desvinculada diretamente dos sacrifícios e das formalidades do sacerdócio e dos templos.

Apesar da visão distorcida com que se passou a ver a manifestação mediúnica, no Novo Testamento vamos encontrar inúmeras referências a ela:

• Na epístola de Paulo I Coríntios 14, vamos encontrar uma longa série de orientações quanto à organização de um trabalho de intercâmbio mediúnico. Como curiosidade reproduziremos alguns versículos: 29 "Pelo que toca, porém, aos profetas, falem dois ou três, e os outros julguem", 31 "Em verdade, vós podeis profetizar todos, um depois do outro, a fim de que todos aprendam e todos sejam exortados", 32 "Os Espíritos dos profetas estão sujeitos aos profetas".

— Note-se que o termo profeta era utilizado como médium, e não como se julga hoje, aquele que previa o futuro.

• Na epístola I João 4:1: "Caríssimos, não queirais crer em todo Espírito, mas examinai os Espíritos para ver se são de Deus, porque muitos falsos profetas vieram para o mundo".

• Na epístola aos Romanos 16:14, Paulo saúda Hermes, autor do Livro do Pastor[12]. Desse livro reproduzimos o seguinte trecho: "O Espírito que vem da parte de Deus, é pacífico e humilde; afasta-se de toda malícia e de todo vão desejo deste mundo e paira acima de todos os homens. Não responde a todos os que o interrogam, nem às pessoas em particular, porque o Espírito que vem de Deus não fala ao homem quando o homem quer, mas quando Deus o permite. Quando, pois, um homem que tem um Espírito de Deus vem à assembleia dos fiéis, desde que se fez a prece, o Espírito toma lugar nesse homem, que fala na assembleia como Deus o quer. Reconhece-se ao contrário, o Espírito terrestre, frívolo, sem sabedoria e sem força, no que se agita, se levanta e toma o primeiro lugar. É importuno, tagarela

[12] O Livro do Pastor era lido nas Igrejas até o século V, como o é atualmente o Evangelho. Clemente de Alexandria e Orígenes a ele se referem com respeito.

e não profetiza sem remuneração. Um profeta de Deus não procede assim".

- Na epístola de Paulo aos I Coríntios 12:7: "A cada um, porém, é dada a manifestação do Espírito para utilidade comum".

Mais uma grande alteração se promovia na religião do Cristo, visando ajustá-la aos interesses mesquinhos do poder temporal.

Em consequência, todos nós ao desencarnar, se tivermos a oportunidade de nos comunicar mediunicamente, passaremos a ser demônios, já que certamente não poderemos ser admitidos como o Espírito Santo.

Procedendo-se a uma análise, podemos pois constatar que, ainda em nossos dias, as religiões se subdividem em:

1. Trinitárias (Divindade constituída por uma Trindade):

Bramanismo, Confucionismo, Catolicismo e Protestantismo.

2. Monoteístas (Deus Único):

Judaísmo, Budismo, Islamismo, Espiritismo.

VII
A REENCARNAÇÃO

Os sacerdotes das diversas religiões da Antiguidade, sempre haviam sonegado ao povo inculto e ignorante o conhecimento doutrinário de maior importância. Somente davam conhecimento daquilo que julgavam ser passível de ser compreendido ou do que deveria ser tornado público, em função de seus próprios interesses.

Ainda na Antiguidade e na mesma obra indicada no capítulo anterior, em um dos livros do *Vedas*, podemos ler: "O Atharva Veda, não é senão a codificação litúrgica do culto vulgar abandonado à plebe, misturado aos hinos, de cantos, de encantamentos, de preces e mantras. É bem o hino do povo, do 'servum pecus' (escravos do rebanho), a quem o sacerdote de todos os tempos subtrai seu Deus, para não o fazer adorar, senão manifestações secundárias, deuses, deusas, semideuses, santos ou arcanjos".

No Egito, Hermes[13], há mais de seis mil anos, teria sido o primeiro e grande iniciado. A ele são atribuídos 42 livros dedicados à ciência oculta. Os gregos, discípulos dos egípcios o denominavam "Trismegisto", isto é, três vezes grande como, rei, legislador e sacerdote. Em seus livros já se encontravam referências com o seguinte teor: "É difícil ao pensamento conceber Deus e a língua de exprimi-lo. Não se pode descrever uma coisa imaterial por meios materiais; o que é eterno não se alia senão dificilmente, ao que está sujeito ao tempo. Um passa,

[13] Schuré, Edouard. *Os Grandes Iniciados*. Tradução de Augusta Garcia Dorea. 7ª edição. S. Paulo (SP): IBRASA, 1999.

outro existe sempre. Um é a percepção do Espírito, e outro uma realidade. O que pode ser concebido pelos olhos e pelos sentidos, como os corpos visíveis, pode ser traduzido pela linguagem; o que é incorpóreo, invisível, imaterial, sem forma, não pode ser conhecido pelos nossos sentidos". Também, nas mesmas obras: "Desconhecendo nossas ciências e nossa civilização, os vindouros dirão que adoramos astros, planetas e animais, quando de fato adoramos um só Deus Criador e Onipotente".

Confirmando essas manifestações de Hermes, encontramos na obra denominada *Moisés*[14], informações de que no interior dos templos egípcios, os sacerdotes cultuavam o "Deus Único", e sobre Ele só falavam aos sábios e a seus alunos, sendo que a divulgação desse deus a outros que não fossem os chamados iniciados, era punida com a morte. O próprio faraó Aquenaton teria sido deposto quando havia tentado substituir os deuses populares, pelo "Deus Único".

Os Mistérios

Esses conhecimentos que não deveriam ser tornados públicos eram chamados de "mistérios". A revelação dos mistérios só era feita aos chamados "iniciados"; aos pensadores, aos sábios, aos filósofos, aos que se preparavam para assumir posições sacerdotais, denominados em determinadas religiões de "hierofantes"; em síntese, pessoas que tinham a capacidade de estudar e compreender esses ensinamentos. Os conhecimentos ministrados envolviam a imortalidade da alma, a vida após a morte, as encarnações sucessivas, etc., que de um modo geral eram transmitidos a personalidades de renome.

O próprio Evangelho do Mestre mantém um conteúdo oculto, segundo a apreciação de vários dos estudiosos da

[14] Alvarez, Josefa Rosalía Luque. *Moisés*. Ditado pelo Espírito Hilarion do Monte Nebo. Tradução de Hélio Moura. S. Paulo (SP): Pensamento, 1997.

Doutrina Cristã. Assim podemos concluir quando analisamos as seguintes manifestações:

• Dito por Orígenes: "As Escrituras são de pouca utilidade para os que as tomem como foram escritas. A origem de muitos desacertos reside no fato de se apegarem à sua parte carnal e exterior. Procuremos pois, o espírito e os frutos substanciais da Palavra que são ocultos e misteriosos. Há coisas que são referidas como históricas, que nunca se passaram e que eram impossíveis como fatos materiais, e outras que eram possíveis mas que não se passaram."

• Por Santo Agostinho: "Nas obras e nos milagres de Nosso Salvador há ocultos mistérios que se não podem levianamente, e segundo a letra, interpretar sem cair em erro e incorrer em graves faltas."

• E mesmo por São Jerônimo: "Toma cuidado, meu irmão, no rumo que seguires na Escritura Santa. Tudo o que lemos na Palavra santa é luminoso e por isso irradia exteriormente, mas a parte interior ainda é mais doce. Aquele que deseja comer o miolo deve quebrar a casca".

O próprio Cristo, ao efetivar seus ensinamentos, levava em consideração essa realidade, como nas seguintes passagens:

• Na parábola do Semeador, em Marcos 4:10 e 11, podemos ler: "Quando se encontrou só, os doze que estavam com ele, interrogaram-no sobre a parábola. Disse-lhes: a vós é concedido conhecer o mistério do reino de Deus; porém **aos que são de fora** tudo se lhes propõe em parábolas...", e ainda nos versículos 33 e 34, "Assim lhes propunha a palavra com muitas parábolas como estas, conforme o permitia a capacidade dos ouvintes. Não lhes falava sem parábolas; porém tudo explicava em particular a seus discípulos";

• Em Mateus 13:10 e 11, sobre a mesma parábola, lê-se: "Chegando-se a ele os discípulos, disseram-lhe: Por que razão lhes fala por meio de parábolas? Ele, respondendo disse-lhes: Porque a vós é concedido conhecer os mistérios do reino dos céus, mas a eles não lhes é concedido"; e no versículo 13, "por isso lhes falo em parábolas, porque vendo não veem, e ouvindo não ouvem, nem entendem".

• Em João 3:1 a 10, durante conversa com um iniciado judeu, encontramos: "E havia um homem dentre os Fariseus, por nome Nicodemos, senador dos judeus. Este, uma noite, veio buscar a Jesus, e disse-lhe: Rabi, sabemos que és mestre, vindo da parte de Deus, porque ninguém pode fazer estes milagres, que tu fazes, se não estiver com Ele. Jesus respondeu e lhe disse: Na verdade, na verdade te digo que não pode ver o reino de Deus, senão aquele que não renascer de novo. Nicodemos lhe disse: Como pode um homem nascer, sendo velho? Porventura pode entrar no ventre de sua mãe e nascer outra vez? Respondeu-lhe Jesus: Em verdade, em verdade te digo que quem não nascer da água e do espírito, não pode entrar no reino de Deus. O que é nascido da carne é carne, e o que é nascido do espírito é Espírito. Não te maravilhes de eu te dizer que te importa nascer de novo. O Espírito sopra onde quer, e tu ouves a sua voz, mas não sabes de onde ele vem, nem para onde vai. Assim é todo aquele que é nascido do espírito. Perguntou Nicodemos: Como se pode fazer isso? Respondeu Jesus: Tu és mestre em Israel, e não sabes estas coisas?" – Jesus teria se surpreendido, por não ser aceitável que Nicodemos desconhecesse os mistérios, já que aos mestres Fariseus era dado conhecê-los, pois já era ensinado na Michna antiga, vindo posteriormente, no século II, a constar do Zohar, livro sagrado dos judeus.

• Na epístola I João 2:20 e 21, encontramos referência aos ungidos ou iniciados: "Porém vós recebestes a unção do Santo e sabeis todas as coisas. Eu não vos escrevi como a ignorantes da verdade, mas como a quem a conhece e sabe que da verdade não vem nenhuma mentira."

• Da mesma forma, na epístola de Paulo I Coríntios 3:1 e 2, é claro o significado da iniciação para o conhecimento dos mistérios: "E eu, não vos pude falar como a espirituais, mas como a carnais. Como a pequeninos em Cristo, nutri-vos com leite, não com alimento sólido, porque não podíeis digeri-lo e nem ainda agora podeis, porque sois ainda carnais".

• No comentário da parábola da festa de núpcias, capítulo XVIII de *O Evangelho segundo o Espiritismo*, vamos encontrar mais uma referência ao assunto, nos seguintes termos: "Antes da vinda do Cristo, com exceção dos hebreus, todos os povos eram politeístas e idólatras. Se alguns homens superiores haviam atingido a ideia da unidade divina, essa ideia, entretanto, permanecia como sistema pessoal, pois em nenhuma parte foi aceita como verdade fundamental, a não ser por alguns iniciados, que ocultavam os seus conhecimentos sob formas misteriosas, impenetráveis à compreensão do povo".

Vidas Sucessivas

Assim, o tema da reencarnação ou das vidas sucessivas, remonta, como um mistério entre os iniciados, ao início da humanidade. Assim é que vamos encontrar referências a esse tema em todas as grandes civilizações da humanidade.

Fazendo um giro pela Antiguidade iniciaremos essa análise pela Índia, e pelo primeiro documento escrito de que se tem notícia, *Os Vedas*, o livro sagrado dos hindus, com cerca de sete mil anos de idade. Da mesma tradução realizada por Edgard Armond, indicada no início deste capítulo, reproduzimos o seguinte:

• "Colocados nos degraus inferiores da vida, por sua conduta nas existências anteriores, todos esses seres providos de formas variadas possuem uma consciência rudimentar e experimentam a sensação do prazer e das penas.

Foi assim que Brama (o deus dos hindus) estabeleceu, do vegetal ao homem e do homem à essência primordial, a série de transmigrações. Este mundo perecível se renova e se transforma incessantemente para a destruição."

Dos textos selecionados por Delanne, discípulo de Kardec, e encontrados nos *Vedas* e no *Bhagavad-Gitâ*, reproduzimos:

• "A alma não nasce nem morre nunca; ela não nasceu outrora nem deve renascer; sem nascimento, sem fim, eterna, antiga, não morre quando se mata o corpo.

Como poderia aquele que a sabe impecável, eterna, sem nascimento e sem fim, matar ou fazer matar alguém?

Assim como se deixam as vestes gastas para usar vestes novas, também a alma deixa o corpo usado para revestir novos corpos.

Eu tive muitos nascimentos e também tu, Arjuna; eu as conheço todas, mas tu não as conheces...

Chegadas até mim essas grandes almas que atingiram a perfeição suprema, não entram mais nessa vida perecível, morada dos males.

Os mundos voltarão a Brama, ó Arjuna, mas aquele que me atingiu não deve mais renascer."

Para o Masdeísmo, a religião dos persas, também era entendida a lei da evolução como baseada no aprimoramento individual obtido através das vidas sucessivas.

Pitágoras

Dentre os sábios que se aprofundaram nos mistérios, vamos encontrar Pitágoras, o grande matemático, filósofo e pensador. É considerado por alguns como sendo o pai da Filosofia, por ter sido o primeiro a se intitular filósofo.

Apesar de ter nascido na ilha de Samos na Ásia Menor, por volta de 570 a.C., havia adquirido conhecimento dos mistérios na

Pérsia e no Egito, tendo sido o primeiro a introduzir na Grécia o conhecimento das vidas sucessivas. Faleceu provavelmente em 504 a.C. tendo deixado para os que o sucederam, informações diferenciadas para os iniciados e para o povo. Para os iniciados falava que a evolução se fazia de forma gradual e progressiva, sem possibilidades de retroagir, enquanto para o povo falava da possibilidade, para os maus, da reencarnação em corpos de animais; o erro da visão oriental da metempsicose. Apesar de se declarar publicamente como sendo politeísta, acreditando, portanto, em vários deuses, é atribuída a ele, diante de um monarca, a seguinte afirmação: "Nenhum homem é sábio, só Deus o é. Não sou um sábio, mas um amigo da sabedoria".

Em seguida, passamos a apreciar a Grécia, berço da cultura e da arte, como grande centro irradiador da doutrina da reencarnação. Lá haviam se destacado os filósofos, Sócrates (469?–399 a.C.) e seu discípulo, Platão (427–347 a.C.).

Deram eles continuidade aos estudos de Pitágoras, e como iniciados que eram, se manifestavam nos seguintes termos:

• "O homem é uma alma encarnada. Antes de sua encarnação, ela existia junto aos modelos primordiais, às ideias do verdadeiro, do bem e do belo. Separou-se deles ao encarnar-se, e, lembrando seu passado, sente-se mais ou menos atormentada pelo desejo de a eles voltar".

• "Após a nossa morte, o gênio que nos havia sido designado durante a vida, nos leva a um lugar onde se reúnem todos os que devem ser conduzidos ao Hades, para o julgamento. As almas, depois de permanecerem no Hades o tempo necessário, são reconduzidas a esta vida, por numerosos e longos períodos".

Referindo-se à evolução do ser, afirma Platão:

• "A alma desembaraçada de suas imperfeições, aquela que se ligou à divina virtude, torna-se, de alguma sorte, santa, e não vem mais à Terra.

Mas antes de chegar a esse grau de elevação, as almas giram durante mil anos no Hades, e, quando têm de voltar, bebem do Letes, que lhes tiram a lembrança das existências passadas."

Mas, foi no importante centro de estudos do Cristianismo, a cidade de Alexandria, que se desenvolveu a chamada Escola Neoplatônica. Tratava-se de uma teoria filosófica religiosa, não cristã, que se preocupava com a espiritualização progressiva do homem, e sob a égide dessa Escola, teve a reencarnação sua prova de fogo.

Plotino (205?–270? a.C.) provavelmente nascido no Egito, pagão, líder do neoplatonismo, defensor da concepção da trindade universal, foi o primeiro a tratar dessa questão, tendo suas ideias reproduzidas por seu discípulo Porfírio, em obras que levaram o título de *Enéadas*. Diz ele:

"É dogma de toda a Antiguidade e universalmente ensinado, que, se a alma comete faltas, é condenada a expiá-las, recebendo punições em infernos tenebrosos; depois, é obrigada a passar a outro corpo, para recomeçar suas provas".

No livro IX da segunda *Enéada*, afirma com clareza:

"A providência dos deuses assegura a cada um de nós a sorte que lhe convém, e que é harmônica com seus antecedentes, conforme suas vidas sucessivas".

Pertencendo à mesma filosofia religiosa que integrava o neoplatonismo, vamos encontrar em Alexandria, Jâmblico (250–328) outro filósofo grego e pagão, que realizou estudos sobre Pitágoras e Platão, sobre as doutrinas egípcia e caldeia (antiga região da Ásia). Foi o fundador da Escola Filosófica de Apameia, (Síria) e autor de *Sobre a vida de Pitágoras e sobre seus mistérios*. Assim ele definiu a reencarnação:

"A justiça de Deus não é a justiça dos homens. O homem define a justiça sob o ponto de vista de sua vida atual e de seu estado presente. Deus a define relativamente às nossas existências sucessivas e à universalidade de nossas vidas. Assim, as penas que nos afligem são, muitas vezes, castigos de um pecado de que a alma se tornou culpada em vida anterior. Algumas vezes, Deus nos oculta a razão delas; não devemos, porém, deixar de atribuí-las à sua justiça".

Entre a intelectualidade romana, que havia sofrido a influência da cultura grega, vamos encontrar reencarnacionistas como os pensadores e escritores Virgílio e Ovídio que aceitavam a transmigração entre outros mundos.

Nos afirma Delanne, que entre os gauleses (antigos habitantes da Gália, atual França), seus antepassados e também de Kardec, que professavam a religião dos druidas (sacerdotes gauleses), vamos encontrar nos livros VI e XIV da *Guerra das Gálias* de autoria de César, as seguintes referências:

"Uma crença que eles procuram sempre estabelecer é a de que as almas não perecem e que, depois da morte, passam de um corpo para outro".

Com referência aos tempos modernos, segundo nos fala Delanne, vemos informações sobre eminentes filósofos como Leibniz e Dupont de Nemours, que estudaram o tema da evolução do princípio inteligente, desde a mônada (unidade orgânica) até a humanidade, passando por todos os organismos vivos. Não nos esqueçamos de que vamos encontrar referências semelhantes na obra de André Luiz, *Evolução em Dois Mundos*, psicografada por Chico Xavier.

Por Delanne, são ainda lembrados estudiosos das vidas sucessivas, como: Ballanche, Schlegel, Saint-Martin, Pierre Leroux e outros; entre os escritores de renome, foram por ele citados: Balzac, Théophile Gautier, George Sand e Victor Hugo.

A Reencarnação e os Cristãos

Mesmo após o Concílio de Niceia, permaneciam válidas, bastante discutidas e aceitas, as ideias de Orígenes. Os ortodoxos não se cansavam de tentar combatê-las, mas elas resistiram aos séculos V e VI. Assim no ano 400, foi invadido o mosteiro de Nítria no deserto do Egito, ao sul de Alexandria e seus trezentos monges origenistas assistiram suas celas serem destruídas, os livros queimados e eles próprios exilados para locais diferentes, de maneira a serem dispersados. Os dirigentes do mosteiro foram expulsos.

A mesma perseguição ocorreu em mosteiros na Judeia, mas as ideias de Orígenes estavam mais impregnadas do que pensavam os ortodoxos. Principalmente quando se discutia a reencarnação.

Para Orígenes, para parte dos gnósticos e dos judeus, aí incluídos os Essênios, a reencarnação era aceita e isso se depreende claramente no Novo Testamento e segundo nos contam os chamados manuscritos do Mar Morto, encontrados nas cavernas de Qumrã em 1947.

Apreciaremos em seguida as várias passagens, em que, nos Evangelhos o assunto da reencarnação é tratado com naturalidade, como fato de conhecimento geral e poderemos observar que em nenhum momento, encontramos por parte de Jesus, a negação de sua existência.

Assim, passemos a analisar esses pontos que fazem referência ao assunto:

Segundo as profecias, a vinda do Messias seria precedida e anunciada por Elias.

Falando sobre João Batista, Jesus diz:

• "E, se vós o quereis compreender, ele mesmo é o Elias que há de vir. O que tem ouvidos para ouvir, ouça". (Mateus, 11: 14 e 15)

Depois da morte de João Batista, estando no monte Tabor, após a aparição de Moisés e Elias, inclusive para os discípulos, e perguntado por eles, Jesus declara:

• "Mas digo-vos que Elias já veio, e fizeram dele quanto quiseram, como está escrito dele". (Marcos, 9:13)

Da mesma passagem, temos outra redação que diz:

• "Digo-vos, porém, que Elias já veio e não o reconheceram, antes fizeram dele o que quiseram. Assim também o Filho do homem há de padecer às suas mãos. Então os discípulos compreenderam que lhes tinha falado de João Batista". (Mateus, 17:12 e 13)

Em outro ensinamento de Jesus, temos:

• "E, passando Jesus, viu um homem cego de nascença. Os seus discípulos perguntaram-lhe: Mestre, quem pecou, este ou seus pais, para que nascesse cego? Jesus respondeu: nem ele nem seus pais pecaram; mas foi para se manifestarem nele, as obras de Deus". João, 9:1 a 3. Como o Mestre permanentemente ensinava os seus discípulos, certamente não deixaria de corrigi-los caso fosse absurda a questão proposta. No entanto, limitou-se Ele a dar a resposta, de que naquele caso, a cegueira não era um débito de vidas passadas, do cego ou de seus pais, já que sendo cego de nascença, o débito não poderia ser da vida presente. Que no caso, tratava-se, como disse o Mestre, de Espírito missionário, para que nele as obras de Deus fossem manifestas, isto é, pudesse o "milagre" ser realizado.

No Evangelho não canônico de Tomé, encontramos como citações de Jesus:

• "Ficareis alegres no dia em que virdes a quem sois semelhantes. Mas, quando virdes vossos ícones, os que existiam antes de vós, que não morrem e nem são manifestos, como será impressionante!" (Logion 84)

- "Ai da carne que depende da alma. Ai da alma que depende da carne". (Logion 112)

Apesar de tudo o que poderia ser encontrado nos Evangelhos e através de suas mais variadas interpretações, a discussão sobre as diferenças existentes entre os homens, relativamente às suas oportunidades e situações de vida, os cenários de dor ou de alegria, o grau de felicidade ou de sofrimento, tudo isso, quando analisado perante a justiça divina, não encontrava respostas lógicas. A única explicação que restava aceitável, após o debate, era o tema da reencarnação. No entanto, os teólogos da Igreja, a essas alturas, não mais podiam aceitar essa tese como solução, após ter sido por eles eliminada a possibilidade da preexistência da alma, nas inúmeras condenações a Orígenes. Não dispondo de nenhuma outra explicação que pudessem utilizar como defesa de sua posição, se encontravam impossibilitados de debater o tema.

Não podendo justificar essas diferenças, paralelamente insistiam na ameaça aos reacionários, intimidando-os através de afirmações sobre o tema das penas eternas. Para isso foram buscar a figura da expiação no inferno, lançando mão do *Livro dos Mortos* do antigo Egito, onde no capítulo XVIII, podemos ler: "Zonas incandescentes, abismos de fogo, onde as águas de chamas são os carrascos dos condenados que habitam salas, cujo assoalho é água, cujo teto é fogo e cujas paredes são serpentes vivas, onde há grelhas e caldeiras para o suplício dos pecadores".

Na tradução realizada do grego "aion" e do hebraico "ôlan", esses termos foram utilizados erradamente, sendo traduzidos como "eterno"; na realidade significam "sem fim definido", ou "de longa duração cujo fim se desconhece". Essa interpretação seria mais coerente com os ensinamentos contidos na Doutrina Cristã, como penas de longa duração e não como penas eternas;

seriam coerentes com as manifestações a seguir apresentadas, e inclusive com as contidas no próprio Evangelho.

Assim, encontramos citações nesse sentido, desde a do sábio Clemente da Alexandria:

"O Cristo Salvador opera finalmente a salvação de todos, e não apenas a de alguns privilegiados. O soberano Mestre tudo dispôs, quer em seu conjunto, quer em seus detalhes, para que fosse atingido esse fim definitivo".

Até aquelas pronunciadas por Paulo na epístola I Timóteo 2:4:

"Deus quer que todos os homens se salvem e cheguem a ter o conhecimento da verdade".

Em São Gregório de Nissa:

"Há necessidade de que a alma imortal seja purificada das suas máculas e curada de todas as suas enfermidades. As provações terrestres têm por objetivo operar essa cura, que depois da morte se completa, quando não pode ser concluída nesta vida. Quando Deus faz sofrer o pecador, não é por espírito de ódio ou de vingança; quer reconduzir a alma a Ele, que é a fonte de toda felicidade. O fogo da purificação não dura mais que um tempo conveniente, e o único fim de Deus é fazer definitivamente participarem todos os homens dos bens que constituem a sua essência".

Ou no item 34 do capítulo I de *A Gênese* de Kardec:

"A pluralidade das existências, cujo princípio o Cristo estabeleceu no Evangelho, sem, todavia, defini-lo como a muitos outros, é uma das mais importantes leis reveladas pelo Espiritismo, pois que lhe demonstra a realidade e a necessidade para o progresso. Com esta lei, o homem explica todas as aparentes anomalias da vida humana; as diferenças de posição social; as mortes prematuras que, sem a reencarnação, tornariam inúteis à alma as existências breves; a desigualdade de aptidões intelectuais e morais, pela ancianidade do Espírito que mais ou menos aprendeu e progrediu, e traz, nascendo, o que adquiriu em suas existências anteriores."

As Posições de Agostinho e de Pelágio

Agostinho

Nessa época, despontava como filósofo cristão uma figura que viria a ser o teólogo latino por excelência. Tratava-se de Agostinho (354–430). Nascido em Tegaste, atual Argélia; era filho de um pagão que desposara a mulher que viria mais tarde a ser Santa Mônica. Tivera uma vida voltada aos prazeres materiais, se aprofundara na doutrina maniqueísta por nove anos, até que resolveu abandonar a mulher com quem vivia, desfazer o noivado com uma representante da aristocracia e se recolher a um mosteiro, onde recebeu o batismo. Foi convidado a participar do clero em 391, sendo, quatro anos mais tarde, guindado à posição de bispo de Hipona, norte da África, onde veio a falecer.

Sempre foi um autodidata, e jamais chegou a aprender o grego corretamente. Escreveu várias obras dotadas de certa originalidade e procurava sempre se distanciar das posições orientais. Apesar disso, suas visões e suas teses, sofreram profunda interferência do Maniqueísmo.

A doutrina maniqueísta, da autoria de Manes ou Maniqueu (215–276), originária da Pérsia, se baseia na afirmação de que o Universo é resultante da criação de dois princípios; o bem ou deus, e o mal, o demônio. Combina a teoria cristã com a masdeísta, aceitando a reencarnação. Acreditava que a alma só poderia se libertar através da sabedoria e não da renúncia às coisas materiais ou sensuais. Que o salvador forneceria os meios para a libertação. Que entre os encarnados existiam dois tipos de pessoas: os eleitos e os ouvintes. Os eleitos, predestinados, estavam em condições de alcançar a Deus, nesta vida. Aos ouvintes seriam dadas outras oportunidades de encarnação, até então virem a ser considerados eleitos.

Após se transformar em bispo católico, passou Agostinho a difundir tese própria, que na realidade era resultante dessas influências sem, no entanto, manter o endosso à reencarnação. Sua tese se apoiava na premissa de que a humanidade estaria dividida em dois grandes grupos: o grupo daqueles que ocupariam a "Cidade de Deus", constituído pelos predestinados, isto é, os previamente escolhidos por Deus para serem abençoados pela imortalidade, no dia do juízo. Esses, inspirados por Deus, realizariam seu poder de escolha pelo bem; de outro lado, o grupo que ocuparia a "Cidade Terrestre", constituído pelo restante da humanidade que estaria destinada ao fogo do inferno. Esses resistiriam e não atenderiam ao convite de optar pelo bem.

Assim, Agostinho dividia suas convicções da seguinte maneira:

1. Deus e a alma — Deus viveria na alma de todos, e todos deveriam dirigir sua atenção a Deus.

2. O pecado e a graça — As pessoas não poderiam mudar seu comportamento pecaminoso, a menos que com a graça de Deus. Deus escolheria alguns indivíduos para receberem a graça. Eram os predestinados.

3. A Igreja e os sacramentos — Ninguém poderia receber a graça se não pertencesse à Igreja e recebesse os sacramentos.

As grandes discussões que, de tempos em tempos, traziam à tona a reencarnação fizeram com que Agostinho procurasse encontrar entre as teorias que defendia, uma explicação que pudesse substituir essa tese. Passou então a defender como justificativa, a teoria do pecado original, desenterrando a então esquecida figura da maçã. Argumentava em sua doutrina, que todas as pessoas são más por natureza. Que o homem não tem poder para ser bom. Que só podemos fazer o bem através da graça. Que o sexo seria a indicação mais visível da queda do homem.

De acordo com sua tese, e que perdura até hoje entre os católicos, os sofrimentos de todos os homens seriam devidos ao pecado original, cometido por Adão e Eva e que resultou em sua expulsão do paraíso. Esse pecado original teria se transmitido aos descendentes de Adão através do sêmen, quando da fecundação. Isso justificaria também a não contaminação de Jesus pelo pecado original, já que teria sido gerado sem a realização de comunhão carnal.

Baseado nessa mesma teoria, do pecado original, justificava a necessidade do batismo, sob pena de serem as pessoas não batizadas destinadas ao inferno. Com relação às crianças que faleciam sem receberem o batismo, dizia que também elas seriam enviadas ao inferno; argumentava que se assim não fosse, caso fossem elas uma exceção, qual seria a necessidade do batismo?

Segundo Agostinho, devido à vinda de Jesus, e por Sua intercessão junto ao Pai, o homem poderia obter o estado de graça e renascer para a vida eterna, através da ressurreição.

Por ser uma tese que atendia os interesses de Roma, já que a salvação ficava subordinada à intervenção da Igreja e ao batismo, mesmo debatida durante longos anos, por Agostinho e outros teólogos, acabou por ser aceita e adotada pela Igreja Católica, através do Concílio de Orange no ano de 529, isto é, bem após a morte de seu autor.

A concepção do pecado original idealizada por Agostinho para responder ao questionamento das diferenças entre os homens, nos permite questionar o assunto sob outros aspectos, ou seja:

• Criando o homem e a mulher, não havia o criador recomendado o "crescei e multiplicai-vos"?

• Jesus ou algum discípulo, fez alguma vez qualquer referência ao pecado original?

• É o pecado original citado no Antigo ou no Novo Testamento?

• Antes de sua criação por Agostinho, era o pecado original citado pela Igreja Romana?

• Aceitando que o dilúvio teria eliminado toda a humanidade, excluindo somente a família de Noé, escolhida por Deus, não estariam os seus sucessores redimidos do pecado original cometido por Adão?

Não creio que haja necessidade de respondermos a estas questões.

Na realidade, a solução de Agostinho da utilização do batismo, para sanar os males causados pelo pecado original, foi na verdade idealizado por outro santo, o Cypriano, mantendo com isso uma dependência entre os adeptos da religião, e a Igreja.

No entanto, como no caso do pecado original, temos outros questionamentos quanto à importância de utilização do batismo, que são as seguintes:

• Considerando que João Batista realizava o batismo como meio de purificação, adotada pela seita dos essênios, à qual pertencia, não vemos Jesus aceitar realizar o mesmo ritual, quer por solicitação de João, quando em Mateus 3:16, disse: "Deixa por agora", não dando importância ao tema naquele momento ou mesmo, posteriormente, realizando ou recomendando o batismo, alguma vez, para qualquer pessoa.

• Convém ainda ressaltar que não nos consta terem os pais, os apóstolos e os discípulos de Jesus sido batizados, tendo ficado, portanto, livres do pecado original.

• Noé e sua família teriam sido batizados?

Agostinho foi ainda o responsável pela institucionalização da ideia de que mais valia forçar um herege a aceitar a fé, do que permitir que sua alma fosse destruída no fogo do inferno.

Essa posição passou a ser utilizada como justificativa, para que as maiores e mais cruéis torturas, guerras e perseguições, passassem a ser desencadeadas em nome da defesa da fé, na história do mundo.

Em 410, aportava em Cartago, importante cidade no norte da África, na Tunísia de hoje, um monge originário da Grã-Bretanha. Tratava-se de Pelágio (360–425), um pensador e escritor reconhecido e respeitado em Roma, onde vivera até de lá se afastar, na iminência da invasão pelos bárbaros.

O pensamento de Pelágio desprezava, de uma maneira geral, as posições dogmáticas, ressaltando o aspecto moral, pregando as virtudes e os conselhos evangélicos.

Dizia ele: "Tornai-vos irrepreensíveis e puros, filhos de Deus sem mácula...".

Quanto à teoria da condenação pelo pecado original, questionava: "Como nos perdoa Deus nossos pecados e imputar-nos-ia os de outrem?"

Quanto às condenações das crianças, argumentava: "Se todos os homens nascessem da cólera eterna daquele que lhes deu a vida; se antes de pensarem eles já são culpados, é, pois, um crime hediondo permitir-lhes vir ao mundo; o casamento seria o mais horrendo delito, e, neste caso, o matrimônio não passaria de uma emanação do Mau Princípio dos Maniqueanos. Isso não mais seria adorar Deus, mas, o diabo".

Insistia ele no esforço pessoal para correção dos próprios defeitos. Insistia na responsabilidade individual, na liberdade de decisão, no livre-arbítrio. Entendia que o homem fazendo uso correto de seu livre-arbítrio, poderia atingir um grau de santidade que lhe permitisse ficar livre do pecado. Minimizava ele, exatamente, os efeitos que eram enaltecidos pelo grande filósofo e teólogo da Igreja Romana da época, Agostinho, bispo de Hipona; ou sejam, o pecado original, o batismo, a predestinação e a graça divina.

Um dos adeptos de sua tese, Juliano, afirmava que admitir a necessidade absoluta do batismo seria equivalente a levar à condenação, inúmeras crianças que não tendo cometido qualquer pecado, seriam vítimas das massas de pais infiéis, e mantidas na ignorância.

Em carta a Agostinho, dizia Juliano: "Por que Deus condenaria uma criança pelos pecados de outros, sem saber nem querer?". Agostinho enviou-lhe então, a seguinte resposta: "Se não existiu pecado original, então os bebês não sofreriam nenhum mal no corpo ou na alma, sob o grande poder do Deus justo. Ambos percebemos a punição, mas vós que dizeis que não foram os pais que transmitiram algo que mereça castigo — quando ambos concordamos que Deus é justo — precisais provar, se fordes capaz, que existe no bebê alguma culpa que mereça punição". Como Juliano não pudesse se basear na preexistência da alma, que era rejeitada pela Igreja, como heresia, sua defesa restava prejudicada.

Para eliminar as discussões a respeito da situação das crianças não batizadas, que causava uma grande celeuma no interior da Igreja, o Padre Chrisólogo apresentou como solução para o problema: A criação de uma região no inferno, chamada "Limbo", que pudesse abrigar essas crianças, até que elas fossem recebidas no paraíso.

Como seria possível aceitar a predestinação para poucos, e ao mesmo tempo crer na Justiça Divina. Como poderia ser justificada a palavra de Paulo na epístola I Timóteo 2:1 a 4, quando declara: "Recomendo-te, pois, antes de tudo, que se façam súplicas, orações, petições, ações de graças por todos os homens, pelos reis e por todos os que estão constituídos em dignidade, para que levemos uma vida sossegada e tranquila, em toda a piedade e honestidade. Em verdade, isto é bom e agradável diante de Deus nosso Salvador, o qual quer que todos os homens se salvem e cheguem ao conhecimento da verdade".

Pelágio tentou se relacionar com Agostinho, mas em face das reações locais, resolveu deixar Cartago, dirigindo-se dali para o Egito e para a Palestina. Em seu lugar permaneceu Celéstio, seu discípulo. Tiveram, ambos, em Agostinho, seu maior e mais ferrenho opositor.

Com relação a esse debate, assim se manifestou Rui Barbosa na Introdução de *O Papa e o Concílio*: "Contra a doutrina do pecado original, do batismo, da graça, alçava o colo, no Ocidente, uma heresia audaz, pregada com ardor, tenacidade e talento. Morgan (Pelágio) e Celéstio agitavam de uma a outra extrema da Igreja o facho incendiário do pelagianismo. Ninguém, todavia, no episcopado cristão, cuidou de recorrer a Roma. O primeiro concílio que vem condenar o erro do monge bretão, junta-se em Cartago (412); e os seus cânones não são, sequer, transmitidos ao metropólita romano".

Pelágio foi condenado como herege pelo Concílio de Éfeso em 431.

Sua teoria, em instância final, foi considerada herética e assim condenada por Roma no mesmo Concílio de Orange em 529, que aprovava a posição de Agostinho quanto à aceitação do pecado original como justificativa para a diferença entre os homens.

Apesar de todas as perseguições aos seguidores e às obras, a condenação oficial às ideias de Orígenes, foi efetivada pelo quinto Concílio de 553, convocado pelo Imperador Justiniano, em Constantinopla, sem o apoio e a presença do papa.

Justiniano conseguiu que fossem aprovados pelos bispos presentes, quinze anátemas (excomunhão) contra as propostas de Orígenes, inclusive sobre a preexistência da alma, que eliminou a aceitação da reencarnação, apesar de não ter o assunto sido até hoje tratado diretamente.

Em realidade, até o momento a tentativa de justificar as diferenças entre os homens, considerada a justiça divina, não encontrou outra explicação que possa conter em seu bojo qualquer fonte de racionalidade, além daquela da reencarnação, relatada nas obras de Kardec.

Em *O Livro dos Espíritos*, encontramos uma análise isenta e racional, realizada nos longos esclarecimentos dados à questão 222. Na conclusão deles é apresentado o comentário que a seguir reproduzimos:

"Como já dissemos, raciocinamos fazendo abstração de qualquer ensino espírita que, para certas pessoas, carece de autoridade. Se, como tantos outros, adotamos o princípio da pluralidade das existências, não o fizemos porque viesse dos Espíritos, mas porque nos parece o mais lógico e o único que resolve problemas até aqui insolúveis. Tivesse ele vindo de um simples mortal, e o teríamos adotado do mesmo modo, não hesitando em renunciar às nossas próprias ideias. Desde que um erro é demonstrado, o amor próprio terá mais a perder do que a ganhar se persistir numa ideia falsa. Nós o teríamos repelido, mesmo vindo dos Espíritos, se nos tivesse parecido contrário à razão, do mesmo modo que repelimos muitos outros, pois sabemos por experiência, que não se deve aceitar cegamente tudo quanto vem dos Espíritos, do mesmo modo que não aceitamos tudo quanto vem dos homens. Seu primeiro título é, antes de mais nada, o de ser lógico. Possui ainda um outro: o de ser confirmado pelos fatos — fatos positivos, por assim dizer materiais, que um estudo atento e raciocinado pode revelar a quem quer que se dê ao trabalho de observar com paciência e perseverança e em presença dos quais já não é possível duvidar. Quando esses fatos se tornarem populares como os relativos à formação e movimentos da Terra, render-se-ão à evidência os seus opositores, obrigados a desdizer-se.

Em resumo, reconheçamos que a doutrina da pluralidade das existências é a única que pode explicar aquilo que, sem ela, seria inexplicável. É eminentemente consoladora, conforme a mais rigorosa justiça e representa para o homem a tábua de salvação, concedida pela misericórdia de Deus."

Não se justificando mais hoje a manutenção e as referências aos "mistérios", tão aplicados na Antiguidade, só nos resta acompanhar a clareza de visão dos sábios do passado, como Pitágoras, que há milênios já conseguiam enxergar essa verdade.

Apesar de todas essas manifestações de racionalidade encontradas em tantas mentes brilhantes da Antiguidade, da Idade Média e mesmo da Idade Moderna, somente será constatada uma visão clara e completa de toda a dimensão da vida humana, na revelação do Espiritismo que, mais uma vez, vemos sintetizada com sabedoria no capítulo I de *A Gênese* de Kardec. Os termos são os seguintes:

"30. — O Espiritismo, partindo das próprias palavras do Cristo, como este partiu das de Moisés, é consequência direta da sua doutrina. À ideia vaga da vida futura, acrescenta a revelação da existência do mundo invisível que nos rodeia e povoa o espaço, e com isso precisa a crença, dá-lhe um corpo, uma consistência, uma realidade à ideia. Define os laços que unem a alma ao corpo e levanta o véu que ocultava aos homens o mistério do nascimento e da morte. Pelo Espiritismo, o homem sabe donde vem, para onde vai, porque está na Terra, porque sofre temporariamente e vê por toda parte a justiça de Deus. Sabe que a alma progride incessantemente, através de uma série de existências sucessivas, até atingir o grau de perfeição que a aproxima de Deus. Sabe que todas as almas, tendo um mesmo ponto de origem, são criadas iguais, com idêntica aptidão para progredir, em virtude do seu livre-arbítrio; que todas são da mesma essência e que não há entre elas diferença, senão quanto ao progresso realizado; que todas têm o mesmo destino e alcançarão a mesma meta, mais ou menos rapidamente, pelo trabalho e boa vontade.

Sabe que não há criaturas deserdadas, nem mais favorecidas umas do que outras; que Deus a nenhuma criou privilegiada e dispensada do trabalho imposto às outras para progredirem; que não há seres perpetuamente voltados ao mal e ao sofrimento; que os que se designam pelo nome de demônios são Espíritos ainda atrasados e imperfeitos, que praticam o mal no espaço, como o praticavam na Terra, mas que se adiantarão e aperfeiçoarão; que os anjos ou Espíritos puros não são seres à parte na criação, mas Espíritos que chegaram à meta, depois de terem percorrido a estrada do progresso; que, por esta forma, não há criações múltiplas, nem diferentes categorias entre os seres inteligentes, mas que toda a criação deriva da grande lei de unidade que rege o Universo e que todos os seres gravitam para um fim comum que é a perfeição, sem que uns sejam favorecidos à custa de outros, visto serem todos filhos das suas próprias obras."

Para fechar o presente capítulo, podemos constatar que essa síntese é racional, não contraria os ensinamentos do Cristo, trazendo em seu bojo a justiça divina. Confirma nosso raciocínio quando analisamos as ideias do herético Pelágio e as consideramos mais lógicas e justas, que o conceito de Agostinho baseado em uma predestinação discriminatória. Define e justifica com clareza que a teoria do pecado original não corresponde aos preceitos da lei de causa e efeito, em que cada um, como individualidade, é responsável pelos seus atos e só por eles deve responder.

VIII

O PAPA, A IGREJA E O PODER TEMPORAL

Para um melhor entendimento das alterações sofridas pelo Cristianismo, descrevemos neste capítulo e no próximo, sob a forma de uma síntese da evolução histórica, alguns dos mais importantes acontecimentos, que tiveram seu curso, a partir de meados do século IV.

Com o fluir do tempo, ao invés de a Igreja procurar se voltar às origens, buscando se aproximar dos ensinamentos deixados pelo Cristo, cada vez mais deles se distanciava. Cada vez mais se destacavam os aspectos voltados aos interesses materiais, ao poder político e econômico. Cada vez menos se desenvolvia a preocupação com os interesses dos pobres e dos necessitados, do povo ignorante e sofrido.

Por volta dos anos 370, o padre Ambrósio, que posteriormente foi eleito bispo de Milão e santo da Igreja Romana, começou a propagar o culto às relíquias. Tratava-se de cultuar os restos mortais e os bens materiais que supostamente haviam pertencido a Jesus, à Maria, aos mártires e aos santos. A veneração a essas peças levou à suposta realização de milagres, que seriam realizados através delas. Isso desencadeou uma verdadeira caçada às relíquias, criando mais tarde, no interior da própria Igreja e fora dela, um comércio específico.

*

A Igreja era então tutelada pelo Estado, mas eram permanentes as tentativas de inverter essa situação.

Apesar de o bispo de Roma, teoricamente dispor de maior autoridade, ser considerado mais importante que os bispos de outras cidades, essa situação não se encontrava reproduzida na prática. Em verdade, não tinha ele qualquer prerrogativa distinta que se traduzisse em capacidade de decisão de qualquer natureza. Nenhuma consulta era formulada a ele, nem ele emitia qualquer parecer, mesmo os de cunho dogmático. Não era, nem mesmo, considerado como uma instância de recurso. As decisões para serem acatadas deveriam ter origem na aprovação colegiada de um Concílio. Isso era válido, inclusive, para aquelas que eram adotadas na própria cidade de Roma.

O Imperador romano Teodósio, o mesmo que havia declarado o Cristianismo como religião oficial do império, através de decreto intitulou o bispo de Roma como sendo o "Papa da Igreja" e o sucessor do apóstolo Pedro.

Pouco antes de sua morte, no ano 395, o Imperador Teodósio dividiu o Império entre o do Oriente, com sede em Constantinopla, e o do Ocidente com sede em Milão. Os Hunos, bárbaros oriundos da Mongólia que haviam iniciado a invasão da Europa, pressionavam as tribos bárbaras como os Godos, os Visigodos, e outras, que procuravam se proteger em território europeu, aliando-se aos romanos. Assim passaram eles a dispor de liberdade na ocupação de territórios, como ocorreu com os da Península Ibérica e da Itália.

Em 440 foi nomeado o Papa Leão I, que tentando verdadeiramente assumir a direção da Igreja, passou a negociar a proteção de Roma diretamente com os Hunos. Pagando aos bárbaros conseguiu ele que a cidade fosse poupada.

A aceitação de que o Papa seria o sucessor do Apóstolo Pedro, cabendo, portanto, a ele o comando da Religião Cristã, só passou a ser realmente reconhecida, quando essa imposição criada por decreto imperial foi acatada pelos bispos, após o término do primeiro milênio.

*

O Mitraísmo, doutrina originária da Pérsia e que se difundira por todo o Império Romano, havia emprestado o paramento de cabeça de seus sacerdotes pagãos, para os bispos católicos, que passaram a adotá-la — a mitra.

Há vários séculos os adeptos desse culto comemoravam, com grandes festividades no dia 25 de dezembro (solstício de inverno), o dia do deus sol. Eram de tal importância essas comemorações, que no ano de 525, a Igreja Romana, visando reduzir o envolvimento dos cristãos nesse evento, resolveu adotar essa mesma data, como a de comemoração do nascimento de Jesus, em substituição aos festejos dedicados a esse deus pagão.

*

Em 593, face às grandes dificuldades de justificar a pena do "fogo eterno" para os pecados de menor importância, foi aprovada a existência do Purgatório, como local de expiação temporária. Mais um dogma estabelecido, sem que pudesse ser amparado, por qualquer referência, no Cristo ou nas Escrituras.

*

Com a interferência do Papa Zacarias, em 751, o rei gaulês Childerico III foi internado em um convento. Em seu lugar assumiu o poder na antiga Gália, hoje França, Pepino o Breve; em 754, a pedido do papa e em retribuição aos favores recebidos, ele derrotou os bárbaros lombardos do norte da Itália, que ameaçavam a cidade de Roma. O rei Pepino doou, então, à Igreja, em 756, parte do território tomado dos vencidos e o Ducado de

Roma, formando o que se chamou, o Patrimônio de São Pedro, constituindo hoje o Estado do Vaticano.

A situação da Igreja perante o Estado havia se modificado. O Império Romano, para efeito popular, apoiava seu poder na Igreja, isto é, aparentava publicamente que os imperadores eram empossados por ela, para que fossem eles considerados como apoiados pelo poder divino; no entanto, a realidade é que o imperador é que escolhia o papa, interferindo diretamente sobre suas decisões. Com a queda do Império Romano, a Igreja passou a se apoiar no Estado Franco, e tanto nesse período como na Idade Média, passou a exercer sua dominação sobre o Estado.

O papa Leão III, ameaçado em Roma novamente pelos lombardos, pediu proteção a Carlos Magno, filho e sucessor de Pepino o Breve. Em Roma, foi Carlos Magno coroado pelo papa, com a coroa dos Imperadores Romanos, restaurando-se o antigo império, e sendo mantida a proteção da Igreja.

*

Crescia o poder da Igreja sobre o Estado e o do papa sobre a Igreja. Os papas procuravam cada vez mais interferir na escolha dos bispos, que eram então escolhidos pelos padres e pelo povo.

Foi criada pelo papa a Cúria Romana, responsável pela administração da Igreja; foram criados os cardeais, arcebispos e o fisco pontificial, controlando os recursos oriundos dos serviços prestados, dos impostos pagos pelos Estados vassalos, e dos rendimentos resultantes das propriedades da Igreja.

Paralelamente, os monges e mosteiros foram com o tempo sendo colocados sob o controle dos bispos. O mosteiro de Monte Cassino, na Itália, deu origem à ordem dos beneditinos, e passou a servir como modelo de adoção obrigatória.

Na Idade Média, quase que somente os monges, os padres e os demais sacerdotes sabiam ler e escrever, assumindo a posição de notários e escriturários dos feudos, interferindo, portanto, diretamente em sua administração.

*

No século X, no Império do Oriente então denominado Império Bizantino, por iniciativa do próprio Imperador, e contrariando as posições do Papa Leão III, foi determinada a destruição de todas as imagens, ou ícones, para que o povo cultuasse somente a Deus. Durante aproximadamente um século foi mantida a reprovação ao culto das imagens.

Além dessa medida, passou ainda o Império do Oriente a adotar o grego no lugar do latim, e esse distanciamento do ocidente, culminou com a declaração do Patriarca de Constantinopla, em não mais seguir a orientação do papa, do bispo de Roma, passando a se considerar como o chefe da Igreja do Império Bizantino. Esse movimento, em 1054, ficou conhecido como o Cisma do Oriente, dando origem à Igreja Cismática Ortodoxa Grega, hoje conhecida como Igreja Ortodoxa, que se mantém independente do Vaticano.

*

Em 1059, o Papa Nicolau II deu início a uma fase de reformas, criando o Colégio dos Cardeais, para a realização da eleição dos papas. Era então retirado do imperador o poder da escolha dos papas, o que até então era conhecido como o cesaropapismo.

Em 1073 foi eleito Gregório VII dando continuidade às transformações, tendo instituído em 1074 o celibato clerical, ou seja, a proibição do casamento dos sacerdotes católicos.

*

O sistema feudal enfraquecera o poder político, fortalecendo o poder papal.

Com o desenvolvimento da economia pré-capitalista, e o enriquecimento dos membros do clero e das próprias igrejas, começaram a surgir movimentos, dentro e fora do clero, contra o distanciamento cada vez maior entre a Igreja e a doutrina do Cristo. Esses movimentos se multiplicavam em críticas ao comportamento dos membros da Igreja e de sua organização; da importância dada ao interesse material se sobrepondo ao espiritual. Essas reações foram crescendo e ameaçando a estabilidade da própria Igreja.

Esses fatos provocaram uma reação por parte de Roma; necessitava o papa demonstrar que a Igreja passaria a reagir contra os que discordassem de suas ideias, e que, os que discordassem haveriam de ser punidos com a morte pelo fogo. Assim, teve origem a chamada "Santa Inquisição" ou "O Santo Ofício".

Pelo Concílio de Verona em 1184, bispos foram nomeados como "Inquisidores Ordinários", e deveriam atuar com tribunais da Inquisição, nos locais onde fosse constatado qualquer desrespeito às diretivas da Igreja. Em 1262, foi instituída a Inquisição Delegada, para atuar contra focos do chamado Cristianismo Heterodoxo.

A prática da queima de hereges na fogueira, realizada com solenidade em cerimônias denominadas "Autos de Fé", foi introduzida no final do século XII; a utilização da tortura, para a obtenção de confissões, foi autorizada em 1252 pelo Papa Inocêncio IV (1243–1254) e confirmada por Urbano IV (1261–1264).

Eram considerados crimes: a ofensa contra a fé através do judaísmo, mais tarde a heresia protestante, a feitiçaria, a usura, isto é, a cobrança de juros, quando não era praticada por banqueiros, a blasfêmia, a bigamia, a desobediência às decisões papais, e outras.

A realidade dessa época é bem descrita por Janus, em sua obra *O Papa e o Concílio*, e aqui tentaremos reproduzir parcialmente seus dizeres, com nossas próprias palavras:

Era suficiente apenas uma suspeita para que se instaurasse o processo, fosse aplicada a tortura para obtenção de confissões, e permanecesse o acusado encerrado entre quatro estreitas paredes, em regime de pão e água. Era obrigação dos filhos denunciar os pais e os entregar à tortura, ao cárcere e às chamas da fogueira. Não era dado ao acusado o direito de defesa, à assistência de um defensor ou o direito de apelação. Qualquer testemunho era aceito como prova e mantido desconhecido para o acusado. Extorquiam a família com o confisco dos bens, passando metade deles para os inquisidores e a outra metade para o papa. Afirmava Inocêncio III, que aos filhos de hereges, só deve ser deixada a vida, e assim mesmo, por misericórdia. Os poucos que eram absolvidos, eram obrigados sob a ameaça de crime de heresia, a guardar segredo sobre tudo o que haviam sofrido.

Como diz o nosso insigne Rui Barbosa: "Foi no debelar essa primeira insurreição da inteligência humana contra o despotismo teocrático dos papas, que São Domingos, o queimador de hereges, adquiriu os principais créditos de bem-aventurado, convertendo a opressão de consciências em instituição permanente e sagrada".

*

Dentre os movimentos heréticos que foram combatidos com violência, encontram-se os chamados Valdenses na cidade de Lyon, em 1170, e o de maior expressão, envolvendo os Cátaros Albigenses no sudoeste da França.

Na região francesa do Languedoc, comandada por nobres feudais, e em parte, econômica e politicamente independente do poder central, se desenvolvia essa seita cristã herética que seguia os princípios do Cristianismo Primitivo. Teria tido sua origem na cidade de Albi, por iniciativa de místicos cristãos ascetas, que se mantinham na pobreza, auxiliando os necessitados, os doentes, ensinando a reencarnação, a união a Deus e organizando a igreja em suas casas, sem o requinte das ricas catedrais. Não guardavam respeito aos bispos e padres católicos, mas eram respeitáveis e respeitados, tanto pelo povo, como pela nobreza local. Nesse ambiente, os judeus, os cristãos, e os muçulmanos, conviviam e se relacionavam em paz.

Aos poucos essa fé estava tão disseminada pela região que se poderia dizer, serem todos os habitantes cristãos, seus adeptos.

Em toda essa rica região, a Igreja regular tinha se desmoralizado pela falta de dedicação de seus sacerdotes, pelas demonstrações de exclusivo interesse material, e pelo mau exemplo exteriorizado publicamente por seus atos.

Inúmeras e longas foram as tentativas de entendimento, ensaiadas pelos enviados de Roma para dissolver o movimento rebelde dos cátaros. São Bernardo escreveu ao papa aconselhando: "A fé é um trabalho de persuasão, e não pode ser imposta pela força". No entanto, São Domingos aconselhara de forma diversa: "Como dizem na Espanha: Onde a bênção falhar, uma vara grossa obterá sucesso".

Em 1208, o Papa Inocêncio III determinou fosse criada uma Cruzada para combater os adeptos dessa seita. A ação da Cruzada da Inquisição contra os cátaros, se arrastou durante mais de vinte anos em combates sangrentos, sendo ao final os hereges dizimados em seu último reduto, o forte de Montségur nas encostas dos Pirineus, em 1244.

*

A partir de 1123, passaram a ser convocados pelos papas, os Concílios Ecumênicos. O primeiro foi convocado por Calisto II. Eram eles diferentes dos anteriores, porque através deles, o papa passava pessoalmente a fazer as leis e as promulgar.

Os Concílios Ecumênicos seguintes ocorreram em 1139, convocado por Inocêncio II e, em 1179, convocado por

Alexandre III, quando o papa limitou-se a mandar ler aos bispos as decisões consideradas aprovadas.

As decisões eram cada vez mais impostas pelo Sumo Pontífice, tendo o Papa Inocêncio III em 1215, além de convocar os bispos, pedido também a presença dos embaixadores dos monarcas. Lidos os decretos e não permitindo ele discussão, concedeu apenas permissão para que fossem aprovados. Em seguida, só permitiu que todos se retirassem, após terem pago vultosas quantias em dinheiro que foram obrigados a obter por empréstimo, no banco da Cúria e a juros elevados.

*

O Papa Urbano II sentia necessidade de demonstrar seu poder aos bispos, à Igreja do Oriente, e ainda interromper o crescimento do Islamismo no Oriente Médio entre os árabes, pelo norte da África e nas ocupações já realizadas na Península Ibérica. Aproveitando o pedido de ajuda formulado pelo Imperador Bizantino, resolveu dar início à chamada Guerra Santa ao Islã. Assim é que em 1095, no Concílio de Clermont, convocou os cristãos para o que seria a Primeira Cruzada. Em 1096, partiram eles em direção a Constantinopla de onde, com o apoio dos bizantinos, foram avançando até a conquista de Jerusalém em 1099.

A Segunda Cruzada entre 1147 e 1149, foi proposta e incentivada por São Bernardo, não tendo obtido êxito.

A terceira foi a dos reis.

A sétima foi comandada por Luiz IX da França, mais tarde canonizado como São Luiz e a oitava e última cruzada, foi iniciada em 1270.

*

Ao final do sistema feudal, o Papa Bonifácio VIII, que utilizava de todos os meios para arrecadar recursos, quis impor a Felipe, o Belo, rei da França, a soberania da Igreja e o não pagamento de impostos; durante o desenvolvimento da contenda que se instalou, resolveu excomungar o rei e o considerou deposto. O conflito terminou com a prisão e morte do papa. Clemente V, bispo francês foi nomeado papa em 1305, dando início a uma sequência de papas franceses tutelados pelo rei daquele país. Em 1309 o próprio papado foi transferido para a cidade de Avignon, na França. A situação se agravou quando a partir de 1377, passaram a existir dois papas, sendo um sediado em Roma e outro em Avignon.

O restabelecimento do papado em Roma veio a acirrar ainda mais o apetite fiscal da Cúria Romana. Esse crescimento chegou ao auge da desfaçatez com a eleição de Baltazar Cossa, como o primeiro João XXIII, em 1410; o segundo foi eleito no século XX. O primeiro, nascido em Nápoles, havia sucedido a outro antipapa, Alexandre V, por cuja morte teria sido responsabilizado.

Foi declarado antipapa, e segundo o que foi publicado pelo periódico *Chronique de Berne*[15], era ele "O homem mais infamado que se podia encontrar, conforme se averiguou, quando, no Concílio de Constance, lhe descobriram as torpezas". Era ele denominado "o papa das trezentas concubinas", como diz o nosso Rui Barbosa, após adotar a decisão de tributar casas de prostituição, o jogo e os agiotas; chegava o príncipe da Igreja a arrecadar quantias mais elevadas que os reis de vários países. Em 1415, foi deposto e preso.

Apesar disso, da indignidade bem distante dos ensinamentos provindos do Mestre Jesus, eram os papas apresentados pela Igreja Romana como fonte divina do poder, com o atributo de distribuir coroas e de serem os detentores da sapiência e das decisões, como juízes infalíveis.

---

[15] Citação de Von Döllinger no livro *O Papa e o Concílio*, 2° volume, p 188.

Essa situação provocou uma crise que foi denominada O Grande Cisma. O movimento que exigia a reforma da Igreja, era o movimento dos bispos, que se diziam representantes da vontade de Deus, e portanto os verdadeiros dirigentes da Igreja; esta era a chamada "Teoria Conciliar". Estava instaurada a luta pelo poder, tendo de um lado o poder papal, e de outro o poder conciliar dos bispos. Sob essas alegações, foi escolhido e nomeado pelos bispos, em 1409, um terceiro papa com sede em Pisa.

Os três papas: o de Avignon, o de Roma e o de Pisa, haviam se excomungado reciprocamente, e só através do Concílio de Constance, em 1417, foram os demais também depostos, sendo eleito Martinho V, que voltou a ser o papa com sede em Roma.

*

O Concílio de Constance foi para aqueles que representavam a maior expressão da Igreja Católica na época, aqueles que mantinham sua honorabilidade, um marco de contradição em relação ao que sempre tentaram preservar; negava-se no episódio, fundamentos da existência da Igreja, ou seja, a infalibilidade do sistema papal; contrariava-se através daqueles atos, tudo o que havia sido ensinado nos livros de direito canônico, nas escolas monásticas de teologia. No entanto, era imprescindível proceder a uma ruptura com o *status quo* vigente; era necessário interromper a transformação da alta administração da Igreja em máquina de fazer dinheiro, em balcão de negócios. A esse respeito, diversos cardeais já haviam enviado ao Papa Gregório XII cartas dizendo: "Na Igreja, da planta dos pés ao alto da cabeça, não há, sequer, um ponto são".

No entanto, pouco, muito pouco foi realizado como transformação; as consequências começavam a ser sentidas, durante o próprio concílio.

Apesar de todas as lições do passado, algum tempo depois foi oficialmente mantido o dogma da infalibilidade papal.

IX

AS REFORMAS

Com o fim da Idade das Trevas, como ficou conhecida a Idade Média, iniciou-se o período que se denominou de Renascimento. Foi verdadeiramente a renascença da literatura, das artes, da filosofia, do retorno à vida nas cidades.

Nesse período, em meio ao interesse pela vida, pelo prazer, pelo imediatismo, vamos encontrar na religião uma posição contrastante, uma negação dos princípios vigentes ligados aos interesses materiais. Em relação à religião, as mudanças vieram a se consubstanciar em um movimento que se denominou "Reforma", e que se opunha ao renascentismo. A Reforma se desenvolveu, reagindo contra as posições comportamentais da Igreja Católica, mesmo contra aquelas que tardiamente viriam a ser implantadas, buscando, com medidas defensivas, corrigir as distorções.

Os Precursores

Com o advento da criação das universidades, uma nova elite intelectual passou a fazer parte do bloco de pressão que ansiava por transformações, não da religião, mas da organização da Igreja. Das mais variadas origens, surgiam teses, ideias e doutrinas sugerindo uma nova estrutura do poder religioso. Entre as que mais se destacaram, vamos encontrar na Universidade de Oxford, manifestações do filósofo inglês John Wycliffe (1320?–1384), professor da cadeira de filosofia daquela importante Instituição, que propunha questões de difícil aceitação pela Igreja, como:

— O papa é soberano dos reis?

John Wycliffe

— Um rei pode punir um mau bispo?

— Os governantes civis ou religiosos têm o direito de impor leis injustas?

Segundo se manifestava em suas obras ou publicamente, entendia que o povo não era obrigado a obedecer a governantes ou religiosos injustos. Dizia:

— "Qualquer homem está tão próximo de Deus quanto os padres".

— "O importante é a Bíblia, e não os sacramentos", como sendo a Bíblia a detentora da autoridade na doutrina cristã, e não a Igreja.

Denunciava de sua cátedra as atitudes reprováveis da Igreja, a prepotência papal e os dogmas.

Condenava principalmente o dogma da transubstanciação ou a transformação das substâncias do corpo e do sangue de Jesus, na substância do pão e do vinho, um dos mistérios dos sacramentos. Os argumentos por ele apresentados foram considerados heréticos. Wycliffe participou, ainda, da tradução da Bíblia para o inglês, em 1382.

Jan Huss

Após sua morte, foi aluno de Oxford, Jerônimo de Praga, que se identificando com as ideias de Wycliffe, ao retornar à sua cidade natal, levou-as ao conhecimento de seu amigo de infância, Jan Huss, com quem passou a debatê-las. Esse outro intelectual que se destacou como reformista, era reitor da Universidade de Praga, vindo a se tornar um ferrenho defensor da doutrina de Wycliffe, a qual foi por ele ampliada, estando contida na obra de sua autoria denominada *Ecclesia.*

Passando a atuar conjuntamente, Jerônimo e Huss, por essa razão, chegaram a ser excomungados.

O Concílio de Constance, além dos outros temas, resolveu determinar como ato oficial da Igreja mandar exumar os restos mortais de Wycliffe para que fossem os mesmos queimados; sentenciou através de julgamento, para que fossem queimados vivos, Jan Huss em 6 de julho de 1415 e seu parceiro, Jerônimo de Praga, logo depois, ambos reformadores declarados hereges pelas críticas feitas ao mundanismo dos papas e da Igreja.

No prefácio do livro *Léon Denis na Intimidade*, encontramos como últimas palavras de Huss: "Tomo Deus por testemunha, de que jamais ensinei ou escrevi isso de que me acusam os falsos testemunhos. Meus discursos, meus livros, meus escritos, tudo fiz no único pensamento, com o único objetivo de libertar as almas à tirania do erro. Eis por que, cheio de alegria, assinarei hoje, com meu sangue, essa verdade que ensinei, que escrevi, que publiquei e que é confirmada pela lei divina. O ganso — fazendo alusão ao seu nome, Huss, que quer dizer ganso em boêmio —, é um pássaro modesto e que não voa muito alto. Mas virão as aves do alto céu e essas voam muito além das armadilhas dos inimigos".

Na mesma obra, encontramos as últimas palavras de Jerônimo de Praga, se referindo ao amigo Jan Huss, quando da execução de sua sentença: "Conheci-o desde a infância e nunca o vi praticar um único mal. Era um excelente homem, um justo, um santo. E foi condenado, apesar de sua inocência. Como Elias, Jan Huss subiu aos céus em meio às chamas e de lá clamará seus juízes ao irredutível tribunal de Cristo. Eu também estou prestes a morrer. Mas não tornarei a recuar diante dos suplícios que para mim preparais, nem me vergarei ante as testemunhas impostoras que um dia prestarão contas de suas mentiras diante do grande Deus a quem ninguém engana".

Poderíamos dizer, que esses nomes acima citados, entre outros, teriam se constituído nos principais precursores da chamada Reforma Protestante, que somente seria desencadeada um século após a realização desse Concílio de Constance que os havia condenado.

Lutero

O tempo se escoava e o desejo de transformações vinha sendo bloqueado pelo poder do clero, mantendo-se, no entanto, como um desejo do povo cristão. Os cristãos não mais aceitavam o distanciamento entre os ensinamentos do Cristo e o comportamento dos representantes da Igreja, que se denominavam representantes de Deus na Terra.

Martin Lutero

A parte mais responsável da Igreja compartilhava do reconhecimento e do desejo de uma Igreja Católica transformada em sua organização e em seus costumes, reduzindo a interferência do poder político e das ambições materiais, em detrimento dos objetivos espirituais.

O comércio de produtos religiosos era variado e extremamente rendoso. Os principais artigos colocados à venda eram:

• Cargos religiosos: Os cargos eram vendidos, na maior parte das vezes, a pessoas que não estavam interessadas em exercê-los, mas simplesmente em apresentar-se como clérigos, dos mais variados níveis. Desconheciam as escrituras, as orações, os ritos e não se aplicavam em aprendê-los, se bem que sempre era possível comprar o texto de alguns sermões, já devidamente preparados.

• A dispensa: Autorização em caráter excepcional para o não cumprimento de uma lei da Igreja, ou exoneração de um voto feito anteriormente. Exemplo: Autorização para casamento entre primos ou entre tios e sobrinhos, ou anulação de casamentos.

• A indulgência: Concessão da graça da redução dos castigos devidos a pecados cometidos. A concessão de indulgências estaria amparada na teoria denominada "supérfluas", contida no *Tesouro de Merecimento*[16]. Seria o excesso de créditos de merecimento acumulados por Jesus, por Maria e pelos santos, reunidos como em um tesouro, do qual, o papa poderia fazer retiradas em benefício de quem bem entendesse; ele assim o fazia, em troca de pagamentos. A venda de perdões podia ser agenciada por intermediários que trabalhavam em regime de comissão, como foi o caso dos banqueiros Fuggers de Augsburg, representantes do Papa Leão X.

• As relíquias: Acreditando no poder de proteção ou de cura desses supostos objetos sagrados, eram eles vendidos por verdadeiras fortunas. Assim apareciam por toda parte: Pedaços da cruz em tal quantidade, que como disse alguém, seriam suficientes para construir um navio; ossos que teriam pertencido a este ou aquele santo; cinco tíbias do jumento que teria conduzido Jesus no retorno a Jerusalém; ou ainda, várias cabeças que teriam pertencido a João Batista.

No livro *The Age of the Reformation*[17] (A Idade da Reforma) encontramos a afirmação de que o Cardeal de Mogúncia, principado alemão, afirmava possuir "uma libra inteira do vento que soprou para Elias na caverna do Monte Horeb, além de duas penas e um ovo do Espírito Santo".

O *Livro do Santuário de Wittemberg*, com gravuras de Lucas Cranach, apresenta artigos da coleção de relíquias. Entre eles podem ser encontrados crânios, cabelos e ossos de santos, objetos tocados por Jesus, pedaço da pele do rosto de São Bartolomeu, restos dos cajados de Aarão e de Moisés, fragmentos do berço de Jesus em Belém, incluindo fibras da palha e do feno que serviram de leito para o recém-nascido, e muitos outros. Por mais que pareça incrível, a tudo isso era dado crédito.

A reação contra a interferência do papa nos assuntos políticos da Inglaterra e da França crescia, mas as repercussões econômicas drenando o tesouro desses países e principalmente

[16] Citação de Burns no livro *História da Civilização Ocidental*, p 452

[17] Smith, Preserved. *Age of Reformation*, p 495-6.

da Alemanha, era cada vez mais acentuado e indesejado. A Igreja se negava a pagar impostos, e o seu patrimônio crescia sempre, através da transferência resultante dos pagamentos efetuados na compra de benefícios, do dízimo e nas doações testamentárias, que por lei eram obrigatoriamente redigidas na presença de um padre. Como resultado disso, cerca de um terço do território alemão e um quinto do francês, pertenciam à Igreja e não podiam ser tributados. Em contrapartida, a Itália nada tinha de que reclamar.

No início do século XVI, a Alemanha era constituída por vários principados e sua capacidade de reação ao poder papal era inferior à dos países vizinhos. Comentava-se que o papa rindo às gargalhadas, dizia: "O que é seu torna-se meu; o dinheiro dos alemães passa para as arcas italianas; por isso, ouvi, clérigos: fartai-vos de boas galinhas e de bom vinho e fazei jejuar os estúpidos e ingênuos alemães!".

Os negócios de venda de indulgências do Papa Leão X e do Cardeal de Mogúncia, se mantinham apresentando bons resultados naquele país, principalmente em função do excelente trabalho de seu representante, o frade dominicano João Tetzel; dizia ele em seus sermões, que "ao cair o dinheiro na arca, voava uma alma do purgatório para a glória". Os problemas começaram a aparecer quando o monge agostiniano alemão, professor de Teologia da Universidade de Wittenburg, chamado Martin Lutero (1483–1546), não aceitando participar do comércio, deu início em 1517 à realização de uma campanha pública de combate aos atos de corrupção do clero. Isso levou Tetzel a abandonar a Alemanha, mais tarde, sob ameaça de linchamento por parte dos estudantes.

Martin Lutero, nascido em Eisleben, na Alemanha, filho de um mineiro, havia por vontade de seu pai estudado direito na Universidade de Erfurt, tendo se licenciado em filosofia. Decidindo se transformar em religioso, ingressou no convento dos agostinianos nessa mesma cidade. Em certas fases de sua luta interior, declara só ter encontrado apoio na Bíblia. Afirma: "Então comecei a entender a justiça de Deus, como aquela em que o justo vive por dom de Deus, isto é, pela fé; compreendi que seu sentido é revelado pelo Evangelho: o justo vive pela fé. Então me senti totalmente renascido; foi como se houvesse entrado no paraíso por uma porta aberta". Passara ele a interpretar para si mesmo os seguintes significados: A relação do homem com Deus, independe de seus atos, mas somente da graça paternal concedida por Deus; essa graça, na fé em Jesus, só se realiza internamente no homem, sem a interferência de um sacerdote. Esses pensamentos afastavam Lutero de pontos primordiais do Catolicismo. Afastara-se da contaminação do homem pelo pecado original, de sua recuperação pelo próprio esforço e pelas graças recebidas através da Igreja.

A campanha pública de repúdio aos atos de integrantes da cúpula da Igreja, se desenvolveu através da fixação na porta da capela de Wittemberg, como era o costume, de uma série de proclamas, no total de noventa e cinco, com o desejo de "fazer brotar a luz". O bispo Alberto de Mogúncia enviou os textos para Roma, e mandou instaurar um processo contra o frade que prejudicava o "negócio sagrado". Em consequência, apesar do apoio popular e das elites, que repudiavam as atitudes hipócritas e arrogantes do clero, foi ele interpelado, sendo exigido sua retratação. Não aceitando a advertência, recorreu ao papa, tendo então recebido uma ameaça de excomunhão. Diante da reação do papa, Lutero afirmou: "Não posso retratar-me, nem me retratarei, pois atuar contra a consciência, é penoso, funesto e perigoso. Deus me ajude. Amém". Lutero então se declarou rompido com a Igreja. Entregue a Lutero a bula da excomunhão, decidiu ele, em represália à queima de seus escritos, promover um "ato de fé", durante o qual, acompanhado pelos estudantes da universidade, lançou a bula à fogueira enquanto pronunciava as seguintes palavras: "O fogo eterno te consuma, porque afligiste o ungido do Senhor".

Acompanhado por um número significativo de sacerdotes, passaram os revoltosos a ser denominados Protestantes, definindo uma nova doutrina que foi consubstanciada na chamada Dieta de Augsburg, em 1530.

A doutrina Protestante apresentava as seguintes principais alterações em relação ao Catolicismo:

- Salvação pela fé e não pelas obras, pela confiança em Deus e pelo sofrimento interior;
- Culto religioso simples, sem paramentos, limitando-se à leitura da Bíblia, com supressão da missa;
- Contato do crente com Deus sem a intermediação do sacerdote;
- Confissão do crente feita diretamente a Deus;
- Eliminação do culto às imagens;
- Manutenção do batismo;
- Eucaristia como sendo a presença de Jesus no pão e no vinho, e não como transformação de Seu corpo e sangue;
- A língua utilizada no culto seria o alemão e não o latim;
- Não seria mantido o celibato para os pastores.

Para liberar a posição dos príncipes, em Augsburg ficou estabelecido que a religião que viesse a ser adotada pelo príncipe, seria a religião do principado. De um modo geral, os nobres alemães do norte, vendo a possibilidade de se libertarem da influência do papa, passaram a apoiar Lutero, recuperando as terras que pertenciam à Igreja, enquanto a maioria dos localizados no sul do país se mantiveram católicos.

Lutero traduziu a Bíblia para o alemão, que passou a ser do conhecimento dos crentes e não só do clero, bem como, se casou com uma ex-freira.

Jean Calvino

Calvino

Em 1534, foi iniciado na França uma tentativa de extensão do movimento Protestante, tendo à frente outro seguidor de Agostinho, o padre Jean Calvino (1509 –1564), nascido em Noyen, naquele país. Sofrendo perseguições, resolveu se instalar em Genebra, na Suíça, onde seu movimento foi implantado, tendo de lá se expandido para a Itália, França, Inglaterra, Holanda e Escócia.

Calvino instituiu praticamente a mesma organização, com a substituição do sacerdote pelo pastor, na direção do culto. Adotou basicamente os princípios estabelecidos em Augsburg, mas em termos mais radicais.

Em um documento que se intitulou Instituição da Lei Cristã, definiu sua doutrina com os seguintes pontos principais:

- Salvação pela fé, conseguida não pelos fiéis, mas sim, concedida por Deus aos Seus eleitos;
- Crença baseada nas Escrituras com supressão da missa;
- Presença de Jesus na eucaristia;
- Igreja sem imagens;
- Mantido o batismo;
- Não mantido o celibato para os pastores;
- Predestinação absoluta; a predestinação seria fixada por Deus antes do nascimento, quando já seria estabelecida a salvação ou a condenação ao inferno. Os desígnios de Deus seriam impenetráveis;
- Criação do Consistório: Conselho formado pelo clero calvinista, e por doze anciãos, formando uma espécie de Parlamento. Poderia o Consistório decretar hereges, excomungar, desterrar, e mesmo condenar à morte pela fogueira;
- Proibidas as comemorações do Natal e da Páscoa.

Ao mesmo tempo em que a religião Protestante se implantava na Europa continental, o rei Henrique VIII da Inglaterra passou a aceitar a Reforma, após ter o papa se negado a anular seu casamento.

Em 1534, visando ficar livre de qualquer interferência ou pressão religiosa, implantou na Inglaterra a chamada Igreja Anglicana, passando a ser ele, o seu dirigente máximo. Com essa medida assumiu politicamente o poder que era do papa, bem como a propriedade dos bens da Igreja.

Henrique VIII

Em comparação com a religião Católica, as únicas alterações doutrinárias foram as seguintes:

- Salvação pela fé;
- Apoio nas Escrituras;
- Presença de Cristo na eucaristia;
- Permissão do casamento para os padres;
- Cultos realizados na língua inglesa com supressão da missa.

A partir da implantação da nova Igreja Anglicana, Henrique VIII mandou que fosse desencadeada a perseguição aos Católicos e às outras religiões Protestantes. Várias tentativas de alteração buscando maior aproximação com o Catolicismo ou com o Protestantismo, foram feitas, permanecendo ao final, uma posição que se poderia chamar de equidistante.

Na Escócia, implantou-se o Calvinismo em 1560, sendo o presbiterianismo declarado como religião oficial.

O Concílio de Trento

Em face do resultado obtido pelos movimentos reformistas que passaram a ser considerados praticamente irreversíveis, o Catolicismo iniciou a definição de novas políticas visando interromper o avanço das novas religiões. Essas decisões foram definidas pelo Concílio de Trento (1545–1563).

Dentre as principais medidas adotadas, foram aprovadas:

• Formação obrigatória dos padres através de seminários;

• Somente a Igreja poderia interpretar a *Bíblia*;

• A crença Católica teria dupla origem: As Escrituras e as tradições transmitidas pela Igreja;

• Criação da Congregação do Index, com o objetivo de realizar a censura de livros e outra qualquer manifestação que pudesse ser hostil ao Catolicismo;

• Restauração da Inquisição visando impedir a penetração do Protestantismo na Espanha e em Portugal;

• Mantida a supremacia do papa;

• Suprimida a venda e a concessão de indulgências;

• Proibição de os membros do clero possuírem mais de uma fonte de renda;

• Visando reforçar as hostes da Igreja e o poder sobre os fiéis e os Estados, o Papa Paulo III, em 1540, entrega a Inácio de Loyola, fidalgo espanhol basco, a organização da Companhia de Jesus. Essa nova ordem, com poderes quase ilimitados, desprezando a área de atuação dos bispos, passou a operar como um verdadeiro organismo policialesco, e por isso, denominada pelo papa, como "regimento da Igreja militante". Organização baseada numa disciplina e dedicação fanáticas, seus integrantes passaram a agir em todas as frentes de forma arbitrária e desumana. Por isso adotara como lema supremo, como regra da ordem, a seguinte frase: *ne conscientiam propriam tenendo*, isto é, "não possuindo consciência própria".

Conforme nos informa Rui Barbosa, a Companhia exaltava a penalidade aos hereges como benéfica; "aos filhos de infiéis aconselhou que denunciassem os pais, e os matassem a fome; e aos neófitos da Ordem, a quem se proibiam os teatros, recomendava-se o suplício das fogueiras como espetáculo santo".

Dessa maneira, nova onda de perseguições passou a ser desenvolvida contra os novos hereges.

Isso ocorreu principalmente na França, com a pressão exercida pela Igreja junto ao próprio rei, visando atingir os Protestantes. Essa pressão se exercia mesmo entre os nobres da corte de Carlos IX, que haviam adotado a nova religião, e culminou com o massacre dos chamados Huguenotes, em Paris, na famosa noite de São Bartolomeu, em 24 de agosto de 1572.

A nova religião Protestante, no entanto, iniciava sua implantação pela Europa inserida em uma dose de excessivo fanatismo em relação à crença de que só na Bíblia poderia ser encontrada a fonte da religião e da verdade absoluta. Não deveriam ser, portanto, levadas em consideração as interferências humanas na redação das escrituras, nem o conhecimento adquirido através da atividade intelectual, da ciência, e da cultura. Para se ter uma ideia mais real da maneira como as coisas eram vistas, é preciso conhecer algumas frases de Lutero, como por exemplo, a razão seria "a prostituta do diabo" — e recomendava a seus adeptos a "contentarem-se com a revelação e não tentar entender". Por sua vez, a posição dos reformistas católicos não era muito diferente em relação ao desenvolvimento dos conhecimentos científicos. No que se denominou de "Catecismo do Concílio de Trento", vamos encontrar afirmações nos seguintes termos: "Quando Deus ordena que acreditemos, não é para nos deixar perscrutar-Lhe os divinos julgamentos nem indagar de suas razões e causas, mas exige uma fé absoluta. A fé, por conseguinte, não só exclui qualquer dúvida mas o próprio desejo de submeter a sua verdade à demonstração".

Por isso, tantos foram os mártires da ciência, da astronomia, enfim, do conhecimento humano.

O Fim de uma Era

Provavelmente, um dos últimos hereges a ser queimado vivo, foi o monge dominicano Giordano Bruno. Nascido em Nola, na Itália, foi muito mais um filósofo do que um monge; era doutor em Teologia e passou boa parte de sua vida mudando de cidades e de país, devido às perseguições que sofria em função das ideias que explanava, e que contrariavam tanto a Igreja Romana, quanto a Calvinista. Apesar disso, foi professor do rei da França, Henrique III, ensinou filosofia na Universidade de Toulouse, e participou das reuniões de cunho literário, promovidas por Elizabeth I, Rainha da Inglaterra.

É considerado como tendo sido o maior filósofo da Renascença, sendo autor de várias obras, entre elas, *Da Mônada, do Número e da Figura*.

As principais ideias por ele expostas defendiam entre outros, os seguintes pontos:

• Acreditava serem as almas criadas por Deus e, portanto, através de sua evolução, retornarem a Ele, mesmo antes do fim do mundo, antes do dia do juízo;

• Entendendo que a alma sobrevivia à morte do corpo, afirmando que ela poderia retornar em outro corpo para realizar sua evolução;

• Discordava da Santíssima Trindade, e nesse aspecto defendia as posições de Arius.

Uma das frases que lhe são atribuídas e que se encontra em sua biografia de autoria de William Boulting, nos diz o seguinte: "Uma vez que a alma não pode ser encontrada sem o corpo e, todavia, não é corpo, pode estar neste ou naquele corpo e passar de corpo em corpo". Seriam ainda dele, os seguintes dizeres: "Um espírito se encontra em todas as coisas e não existe corpo que não possua uma parcela de substância divina, que o anima".

Não tendo os inquisidores conseguido alterar suas ideias através de pressão, o mantiveram preso, torturado e isolado, sem acesso à escrita e a leitura, durante sete anos. A Santa Inquisição, o processou, foi julgado e condenado por um tribunal que teve a presidi-lo o cardeal Robert Bellarmine, mais tarde denominado São Roberto, aquele que tem sobre a lápide de seu túmulo, a seguinte inscrição: "Pela força subjuguei os cérebros dos orgulhosos".

Giordano Bruno foi executado na fogueira, armada na praça denominada Campo de Fiori, na cidade de Roma, como parte das comemorações do Jubileu, em 8 de fevereiro de 1600, após ter sido expulso da "Santa e Imaculada Igreja", como herege.

Como vimos pelo desenrolar da história, no início do século XVII vamos encontrar o Cristianismo estruturado em duas grandes religiões: O Catolicismo e o Protestantismo, que passam a se decompor em várias seitas. As diferenças estabelecidas entre elas, seriam maiores em relação aos métodos ritualísticos implantados e à conduta de seus dirigentes, do que propriamente em relação aos princípios dogmático-doutrinários adotados por cada uma.

Nessa nova fase, passaram as religiões, de uma maneira geral, a conviver sob um regime de paz consentida que se apresentava com maior ou menor amplitude, variando de país para país; no entanto, se mantinham afastadas dos ensinamentos do Cristo.

Dentre as demonstrações da falta de consciência cristã que continuou a envolver os sacerdotes das mais variadas seitas, disfarçados sob diversos títulos e inúmeras roupagens, vamos aqui relatar, como exemplo, nos acontecimentos descritos, em *Obras Póstumas* de Kardec, que tiveram lugar na cidade de Barcelona na Espanha, em 1861. Kardec atendendo a encomenda de um seu conhecido residente naquela cidade, a ele enviou através de processo legal de exportação, uma certa quantidade de *O Livro dos Espíritos*, de *O Livro dos Médiuns*, coleções da Revista Espírita e outras obras, perfazendo um total de cerca de trezentos volumes. Como a legislação daquele país determinasse que os processos de importação de livros fossem submetidos à autoridade eclesiástica local, foi o processo interrompido, com a apreensão dos volumes. Não satisfeito, determinou o bispo da cidade a queima em praça pública das referidas obras. Essa insanidade foi motivo de comentários pela imprensa em geral, tendo merecido um artigo da Revista Espírita que assim se pronunciou a respeito:

"Auto de Fé em Barcelona — Neste dia nove de outubro de mil oitocentos e sessenta e um, às dez horas e meia da manhã, na esplanada da cidade de Barcelona, no local onde são executados os criminosos condenados ao derradeiro suplício e por ordem do bispo desta cidade, foram queimados trezentos volumes e brochuras sobre o Espiritismo, a saber: *O Livro dos Espíritos*, por Allan Kardec, etc.".

Outra demonstração, desse distanciamento em relação à doutrina de Jesus, está consubstanciada na entrevista do expressivo estadista inglês, Sir Lloyd George[18], concedida a um jornal londrino. Os termos da entrevista, que bem espelha o desencanto do homem comum com o que deveria ser fonte de orientação moral e exemplo espiritual, são os seguintes:

"Nunca acreditamos na influência política e social das igrejas para o bem, posto que elas pudessem exercê-la, se seus diretores e inspiradores soubessem e pudessem se amoldar à presente época. Cada dia se torna mais evidente que os diferentes cultos são apenas sobrevivências materializadas das ideias e anseios espirituais, sem força própria.

A última guerra, sobretudo, demonstrou que as igrejas cristãs são tão ineptas para o bem, como inábeis para o mal.

Sacerdotes de um mesmo credo, crentes em um Deus de Amor e de Bondade, não relutavam, de parte a parte, em benzer armas que deveriam tirar o sangue dos irmãos de outros países.

Desde os púlpitos das igrejas cristãs, na França, como na Alemanha, na Áustria, santificaram a matança e a destruição em nome do Cristo de fevereiro de 1929.

---

[18] Entrevista concedida ao jornal A Gazeta de Notícias de Londres, em 26 de fevereiro de 1929.

Como é possível pensar que as igrejas cristãs possam servir ao ideal da paz?".

Sobre essa realidade, vamos encontrar também no capítulo I de *A Gênese* de Kardec, uma análise perfeita, uma síntese que pode ser considerada válida até os dias atuais.

Ela é composta do seguinte:

"8 – Todas as religiões tiveram seus reveladores e estes, embora longe estivessem de conhecer toda a verdade, tinham uma razão de ser providencial, porque eram apropriados ao tempo e ao meio em que viviam, ao caráter particular dos povos a quem falavam e aos quais eram relativamente superiores.

Apesar dos erros das suas doutrinas, não deixaram de agitar os Espíritos e, por isso mesmo, de semear os germens do progresso, que mais tarde haviam de desenvolver-se, ou se desenvolverão à luz brilhante do Cristianismo.

É, pois, injusto se lhes lance anátema em nome da ortodoxia, porque dia virá em que todas essas crenças tão diversas na forma, mas que repousam realmente sobre um mesmo princípio fundamental — Deus e a imortalidade da alma — se fundirão numa grande e vasta unidade, logo que a razão triunfe dos preconceitos.

Infelizmente, as religiões hão sido sempre instrumento de dominação; o papel de profeta há tentado as ambições secundárias e tem-se visto surgir uma multidão de pretensos reveladores ou messias, que, valendo-se do prestígio deste nome, exploram a incredulidade em proveito do seu orgulho, da sua ganância, ou da sua indolência, achando mais cômodo viver à custa dos iludidos. A religião cristã não pôde evitar esses parasitas.

A tal propósito, chamamos particularmente a atenção para o capítulo XXI de *O Evangelho segundo o Espiritismo;* 'Levantar-se-ão falsos Cristos e falsos profetas'. ".

X

CONCLUSÃO

Prezado Leitor.

Em nossa Introdução, tentamos esclarecê-lo acerca das razões que nos levaram a coletar os dados históricos contidos nesta obra. Recordando, necessitávamos conhecer mais detalhes sobre a origem da Religião do Cristo, a ser restaurada pelo Espiritismo.

O Espiritismo nos foi anunciado por Jesus Cristo,através de seu apóstolo João 14:16, 17 e 26; 15:26; 16:7, 8,12 e 13.

Quase dois mil anos depois, foi codificado por Allan Kardec e divulgado através de *O Livro dos Espíritos*. Há cerca de cento e cinquenta anos, nós estamos nos esforçando para vivenciá-lo, divulgá-lo com humildade, com amor fraterno, persistência, perseverança, esperança, no que estamos sendo ajudados por Bezerra, Chico Xavier, Edgard Armond e outros dedicados companheiros.

Vivemos a chamada Era Cristã. Ela estabelece segundo o Calendário Gregoriano, a contagem dos tempos, fixando como marco divisório, supostamente, o nascimento de Jesus, aquele que passou a ser para o mundo, de um modo geral, o modelo, a base orientadora, o paradigma, o exemplo, e para os espíritas, em particular, o rumo a seguir, a meta a alcançar, o objetivo a atingir na escala evolutiva através da reforma íntima. Esse maravilhoso Dirigente Espiritual da Terra é a referência que nos permite indicar não só a idade dos tempos, mas também o estágio do conhecimento, o Antes do Cristo e o Depois do Cristo.

O Evangelho do Mestre, com os relatos de sua vida, de suas palavras e pensamentos, que nos orienta para que possamos melhor construir nossa vida material e nossa evolução espiritual, nos dá muito em que pensar. As alterações no entendimento da vida material e da vida espiritual, que Ele procurou nos transmitir, passaram a nos permitir interpretar e rever, grande parte das referências e dos conceitos encontrados no Antigo Testamento, apesar de ter Ele afirmado, "não vim para destruir a lei e os profetas, mas para dar-lhes cumprimento". Assim, também, por meio dos ensinamentos encontrados na Terceira Revelação, e trazidos pelo "Outro Consolador", pelo "Espírito de Verdade", vamos podendo ajuizar com o auxílio da razão, a complementação do entendimento de todos os ensinamentos que nos foram colocados à disposição, através dos tempos.

Encerramos aqui este trabalho de pesquisa, não por considerá-lo como um tema que tenha se esgotado em si mesmo, mas por termos atingido o nível de síntese que foi por nós desenvolvido, e que entendemos preencher os objetivos aos quais nos fixamos.

Temos agora melhores condições de entender o encadeamento do raciocínio que levou o Catolicismo às decisões dogmáticas que adotaram. Melhores condições certamente, do que aqueles que se declaram como Católicos praticantes ou como crentes Protestantes, mas que de um modo geral desconhecem os meandros da história e da influência político doutrinária, que conduziu a mente dos pensadores ortodoxos na defesa de suas posições; esses meandros, de um modo geral, podem ser por nós hoje entendidos como tendo sido adotados dentro de um conceito preconcebido, direcionado na solução dos problemas de ordem material, e não como o resultado de uma conclusão racional, ou ditado pela espiritualidade superior. Apesar disso, entendemos que tenha sido salutar a diversificação dos credos, fazendo o homem, com o tempo, aprender a aceitar e a respeitar o direito e a liberdade de consciência.

Podemos também melhor entender o quanto é importante e mesmo gratificante, abraçarmos uma doutrina que se declara e deseja ser, o resultado de uma "Fé Raciocinada", não aceitando, portanto, ser a consequência de uma série de afirmações que não admitem a discussão racional; o Espiritismo é uma doutrina que aceita a mutabilidade em suas posições, consequentes do acréscimo de conhecimento e da evolução, porque nos consideramos Espíritos em fase evolutiva e não donos da verdade; doutrina que admite enfrentar uma análise ou um debate, diante da realidade das leis da natureza ou das descobertas científicas, que se sucedem através dos tempos e que materializam a criação divina. Por isso, encontramos no Evangelho[19] a seguinte afirmação: "Qual o homem que pode jactar-se de possuí-la (a verdade) integralmente, quando a área do conhecimento aumenta sem cessar, e a cada dia que passa as ideias são retificadas?".

No ponto em que chegamos, cremos já ter preenchido a lacuna existente, para que os estudiosos da Doutrina Espírita possam encontrar condensados em uma única obra, dados que permitam formar uma ideia geral sobre o tema, ideia que não se aprofunda nos detalhes mas que dá uma visão global, fornecendo ainda, as informações básicas para o desenvolvimento de um estudo mais aprofundado.

Para os que, como eu, simplesmente desejavam conhecer os antecedentes do Espiritismo a partir da difusão das palavras do Mestre, os dados aqui reunidos trouxeram uma visão bastante ampla e surpreendente.

Por conta dessa surpresa, uma pergunta obrigatoriamente invade agora a nossa mente:

---

[19] Item 9 do Cap. XV de *O Evangelho segundo o Espiritismo.*

"O que fizeram com a religião do Cristo?". O que fizeram com a doutrina, que segundo Suas próprias palavras, em João 7:16, Jesus afirmou:

"A minha doutrina não é minha, mas daquele que me enviou".

Léon Denis

Cremos que a síntese dessa resposta se encontra muito bem colocada na análise feita pelo brilhante Léon Denis[20], quando nos fala:

"Como chegou a Igreja Católica a esse ponto? — Pela excessiva negligência que a causa do povo mereceu de sua parte. A Igreja só foi verdadeiramente popular e democrática em suas origens, durante os tempos apostólicos, períodos de perseguição e de martírio; e é o que então justificava a sua capacidade de proselitismo, a rapidez de suas conquistas, o seu poder de persuasão e de irradiação. No dia em que foi oficialmente reconhecida pelo império, a partir da conversão de Constantino, tornou-se a amiga dos Césares, a aliada e, algumas vezes, a cúmplice dos grandes e dos poderosos. Entrou na era infecunda das argúcias teológicas, das querelas bizantinas e, desse momento em diante, tomou sempre ou quase sempre,o partido do mais forte. Feudal na Idade Média, essencialmente aristocrática no reinado de Luiz XIV, só fez à Revolução Francesa tardias e forçadas concessões".

Temos agora também, melhores condições de entender Léon Denis[21], quando ele fala do distanciamento do homem em relação à fé:

"Cansado de dogmas obscuros, de interesseiras teorias, de afirmações sem provas, o pensamento humano há muito se

[20] *Cristianismo e Espiritismo*, p.16.

[21] *Cristianismo e Espiritismo*, p.16.

deixou empolgar pela dúvida. Uma crítica inexorável joeirou rigorosamente todos os sistemas. A fé se extinguiuem sua própria fonte; o ideal religioso desapareceu.Concomitantemente com os dogmas, perderam o seu prestígio as elevadas doutrinas filosóficas. O homem esqueceu ao mesmo tempo o caminho dos templos e o dos pórticos da sabedoria".

Talvez pelas razões que passamos a conhecer melhor, é que tenha sido incluída por Kardec no livro *Obras Póstumas*, a mensagem que transcrevemos a seguir, e que com propriedade aprecia o quadro que acaba de nos ser revelado:

"Futuro do Espiritismo.

O Espiritismo é chamado a desempenhar imenso papel na Terra. Ele reformará a legislação ainda tão frequentemente contrária às leis divinas; retificará os erros da História; restaurará a religião do Cristo, que se tornou nas mãos dos padres, objeto de comércio e de tráfico vil; instituirá a verdadeira religião, a religião natural, a que parte do coração e vai diretamente a Deus, sem se deter nas franjas de uma sotaina(batina), ou nos degraus de um altar. Extinguirá para sempre o ateísmo e o materialismo, aos quais alguns homens foram levados pelos incessantes abusos dos que se dizem ministros de Deus, pregam a caridade com uma espada em cada mão, sacrificam às suas ambições e ao espírito de dominação os mais sagrados direitos da Humanidade".

Essas palavras nos deixam o bastante para pensar, e certamente deveremos concluir que nossa responsabilidade perante Deus e perante nós mesmos é de que somos peça integrante da evolução e do futuro. Não poderemos fugir a essa responsabilidade, e em consequência, não devemos deixar para amanhã o início da caminhada, que passa pela nossa transformação moral, pela reforma interior, como claramente nos foi ditada pelo querido Irmão Maior e Mestre, Jesus de Nazaré.

Lembremos que nossa evolução se faz com o aprendizado e com a experiência do passado. É o passado que nos orienta para o futuro e a fé é, cada vez mais, a força para encontrarmos o caminho do amanhã.

Por essas razões, não podemos deixar de entender que somos parte da "Ecclesia" do Cristo; não da Igreja que foi construída pelos homens, aquela que se preocupa com os bens materiais, que cobra valores ou impõe contribuições pelos serviços prestados; não a que se declara como meio de salvação, como concessora do perdão pelos erros cometidos e que fala em nome de Deus como se Seu representante fosse; não aquela que considera que a fé se fundamenta na crença fanática e não no raciocínio, deixando, portanto, de levar em consideração as leis criadas por Deus; não a que encontra no Pai um ser vingativo, que discrimina, que salva somente aqueles que, a priori, elege como seus protegidos.

A nossa Casa Espírita é a nossa Casa do Caminho, onde todos são irmãos, todos são iguais perante Deus; onde ninguém é mais do que ninguém, por sermos todos Espíritos em busca da evolução; onde através do amor são recebidos todos os doentes do corpo e do espírito; onde se ensina que a salvação, a graça e o perdão, dependem do esforço de cada um na sua transformação moral, na sua reforma íntima, conquistada pelo esforço próprio, no exercício de seu livre-arbítrio. Nossa Casa é aquela, primitiva, que foi edificada nas palavras do Mestre, nas frases e exemplos que nos deixou sob a forma de ensinamentos e que pode ser resumida, ainda mais uma vez, por Léon Denis[22], quando diz:

"Jesus não havia fundado a religião do Calvário para dominar os povos e os reis, mas para libertar as almas do jugo da matéria e pregar, pela palavra e pelo exemplo, o único dogma de redenção:

O Amor".

Assim seja!

---

[22]*Cristianismo e Espiritismo,* p.19.

BIBLIOGRAFIA

A Biblia Sagrada. 11. ed. S. Paulo (SP): Paulinas, 1983.

ALMEIDA, José de Souza e. Origem e Desenvolvimento do Cristianismo. S. Paulo (SP): Camille Flammarion, 2002.

ANDRADE, Jayme. O Espiritismo e as Igrejas Reformadas. 4. ed. Capivari (SP): EME, 1995.

ARMOND, Edgard. O Redentor. 9. ed. S. Paulo (SP): Aliança, 1987. ARMOND, Edgard. Religiões e Filosofias. 2. ed. S. Paulo (SP):Aliança, 1980.

ARRUDA, José Jobson de A. História Antiga e Medieval. 18. ed. S.Paulo (SP): Ática, 1996.

ARRUDA, José Jobson de A. História Moderna e Contemporânea.20. ed. S. Paulo (SP): Ática, 1987.

BAUMARD, Claire. Léon Denis na Intimidade. Tradução e Prefácio Explicativo de Wallace Leal V. Rodrigues. Matão (SP): O Clarim.

BEN AVRAHAM, Daniel Avishay. Yessodei Israel – Fundamentosda Tradição de Israel. Porto Alegre (RS): Fundação Educacional e Editorial Universalista, 2001.

BURNSs, Edward McNall. História da Civilização Ocidental. Tradução de Lourival G. Machado, Lourdes S. Machado e Leonel Vallandro. 2. ed. Porto Alegre (RS): Globo, 1970.

DANIÉLOU, Jean e MARROU, Henri. Nova História da Igreja -Dos Primórdios a São Gregório Magno. Tradução de Dom Frei Paulo Evaristo Arns. Petrópolis (RJ): Vozes, 1966.

DELANNE, Gabriel. A Reencarnação. 12. ed. Rio de Janeiro (RJ) FEB, 2001.

DENIS, Léon. Cristianismo e Espiritismo. 4. ed. Rio de Janeiro(RJ): FEB, 1941.

Enciclopédia Barsa. Rio de Janeiro (RJ): Encyclopaedia Britannica, 1974.

Enciclopédia Delta Universal. Rio de Janeiro (RJ): Delta. 1986. KARDEC, Allan. A Gênese, Tradução de Guillon Ribeiro. 33. ed. Rio de Janeiro (RJ): FEB, 1990.

KARDEC, Allan. Obras Póstumas. Tradução de Guillon Ribeiro. 21. ed.

Rio de Janeiro (RJ): FEB, 1985.

KARDEC, Allan. O Evangelho segundo o Espiritismo. Tradução de J. Herculano Pires. 5. ed. S. Paulo (SP): FEESP, 1989.

KARDEC, Allan. O Livro dos Espíritos. Tradução de Júlio AbreuFilho. 22. ed. S. Paulo (SP): Pensamento, 1978.

LETERRE, A. Jesus e Sua Doutrina. Rio de Janeiro (RJ): FEB, 1934.

Nova Enciclopédia de Biografias. Nova Friburgo (RJ): Planalto,1985.

O Evangelho de Tomé. Traduzido e Comentado por Jean-YvesLepoup. 7. ed. Petrópolis (RJ): Vozes, 2002.

ONCKEN, G. História Universal. História da Reforma Religiosa na Alemanha. Dr Frederico de Bezold. Tradução de Manuel D'Oliveira Ramos. Lisboa (Portugal): Aillaud Alves, 1935.

PEDRO, Antonio e CÁCERES, Florival. História Geral. 2. ed. S. Paulo (SP): Moderna, 1987.

PROPHET, Elizabeth Clare. Reencarnação – O Elo Perdido do Cristianismo. Tradução de Urbana Rutherford e Fanny Rosa Zygband. 3. ed. Rio de Janeiro (RJ): Nova Era, 1999.

RENAN, Ernest. Os Evangelhos. Tradução de Eduardo Pimenta. Porto (Portugal): Lello e Irmãos.

RODRIGUES, Wallace Leal V. Esquina de Pedra. 8. ed. Matão (SP): O Clarim, 1999.

SCHUTEL, Caibar. Parábolas e Ensinos de Jesus. 16. ed. Matão (SP): O Clarim, 2000.

TENBROCK, Robert-Hermann. Historia de Alemania. Tradução para o espanhol de Francisco Eguiagaray Bohigas. München (Alemanha): Max Hueber Verlag, 1968.

VON DÖLLINGER, Johann Joseph Ignaz (Janus). O Papa e o Concílio. Tradução e Introdução de Rui Barbosa. Londrina (PR): Leopoldo Machado, 2002.

WELLS, H. G. História Universal. Tradução de Anísio Teixeira. 2. ed revista. S. Paulo (SP): Nacional, 1942.

XAVIER, Francisco Cândido. Paulo e Estêvão. Ditada pelo Espírito Emmanuel. 18. ed. Rio de Janeiro (RJ): FEB, 1982.

Aliança

Temas Doutrinários e Evangélicos

Na Semeadura I
Temas doutrinários abortados
com objetivo e clareza.
da mediunidade.

Na Semeadura II
Temas doutrinários abortados
com objetivo e clareza.
da mediunidade.

Lendo e Aprendendo
Mais temas doutrinários
com índice remissivo de
Na Semeadura II

Verdades e Conceitos I

Ideal da Aliança em
importantes resoluções
históricas.

Verdades e Conceitos II

Ideal da Aliança em
importantes resoluções
históricas.

Salmos
Este livro tem o objetivo de
exaltar os ensinamentos
morais do Cristo, através do
conhecimento espírita.

Histórias Espíritual da Humanidade

Exilados da capela
A formação e evolução das
raças no planeta Terra.

Na Cortina do Tempo
Sobreviventes salvos da Atlântida
preservam seus conhecimentos
destinados à posterioridade.

Almas Afins
A trajetória de Espíritos afins
desde a submersa Lémuria
até os dias atuais.

Aliança

Publicações Aliança

Métdos Espíritas de Cura
O funcionamento da mente
e repercursões espirituais
As cores da Alma.

Desenvolvimento Mediúnico
Um roteiro perfeito para
o bom funcionamento
da mediunidade.

Mediunidade
Seus aspectos
desenvolvimento e utilização.

Passes e Radiações
Iniciação Espírita
Métodos de cura
e tratamento espiritual.

Prática Mediúnica
Levantamentos sobre a
realidade da prática mediúnica
e melhores direcionamentos.

O Redentor
Vida, obra e ensinamentos
do mestre da Galileia.